勞動僱用資本

以經濟民主翻轉資本主義之路

When Labor Hires Capital: Overturning Capitalism with "Economic Democracy"

洪敬舒、張烽益

目錄

推薦文

改善所有工作者的待遇與勞動條件，攸關民主體制能否永續深化，但是該如何達到目的？過去主流經濟政策思維認爲應該先把餅做大，政府政策挺企業，企業追求獲利極大化，企業就會挺員工。由此所形構的經濟型態，除了國家所制定的勞動法規保障勞工基本權益外，員工多半在公司政策下被動式參與，生而爲人最珍貴的主體性與創造性因而受到抑制。這本書揭櫫了一種全新的工作視野與企業組織的可能性，亦即由工作者共同參與企業組織，參與決策與行動，將民主原則從政治場域落實至經濟場域。事實上，由於人口快速高齡化，「銀色海嘯」全面來襲，許多中小企業接班無人，如何協助員工共同來參與企業治理，已然成爲當前國家經濟治理的新興課題。

鄭麗君／前文化部長

桃園市空服員職業工會於二〇一九年對長榮航空發動了罷工，提出開放勞工參與公司治理—例如設立勞工董事或勞工監察人，「勞工參與治理」的口號一喊出來，即受到社會各界強烈反彈，批評工會干涉企業經營的聲浪不絕於耳，這反映了經濟民主的觀念在台灣極其陌生。在失業、低薪與過勞中循環維生的受僱者已然喪失了想像力與創造力，這本書提醒了習慣處於從屬關係中的受僱者，除了依循資本的統治、自我囚禁於薪資勞動的生活之外，經濟活動中的每一位利益關係人，其實都擁有參與及制定決策的權利，勞動者≠受僱者，擺脫被支配與被分配的結構位置，創造眞正的共享經濟，我們應該給自己這樣的機會迎向未來。

邱羽凡／交通大學科技法律學院副教授

作為一個經濟學者，我首先要讚佩這本書深富啓發性的反思觀點與主張。暫不論經濟民主，當代資本主義已被唯成長論蒙蓋得光澤盡失，「善用資源以創造人們最大滿足」的初衷盡失，創造巨大經濟成果的絕大多數勞工明顯未得到適當的成果分配，只因勞工是競爭市場的「生產投入要素」，其報酬被視為成本而須被努力抑低，既是生產要素，就不被認為可以分享經濟成果來提高滿足程度。實務上，勞動「成本」先被扣除後的無上限報酬全歸資本家所有，完全忽視經濟成果係合作共創而來。因此，經濟民主其實才是回歸經濟學初衷的根本思維與作法，是落實所有合作貢獻者都能合理共享經濟成果的解方，是已經走偏的資本主義經濟學的救贖之道。經濟學本該是追求幸福快樂的科學，但若缺少了經濟民主，這個目標就只會是空中的彩虹！

邱俊榮／國立中央大學經濟學系教授

政治民主所標榜的人人平等，在我們完成投開票之後，便杳然消失，只有等待數年後的選舉，平民與巨賈才又站上等高的天平。誠如本書所言「政治並非生活常態，經濟才是。」民主所允諾的平等，如果不存在每個人的生活場域之中，那麼自由到底何在？經濟民主的空白，正是阻擋台灣民主深化的巨石，堵住了我們的自由之路。我對這本書的主旨與作者群，懷抱深深敬意，因為他們使盡全力在為我們搬開擋路巨石。

吳啓禎／經濟民主連合經濟組召集人
英國倫敦大學亞非學院經濟學博士

不同於一般拗口的學術著作，或者過於輕鬆詼諧卻深度不足的通俗讀物，這本書深入淺出地介紹了什麼是「經濟民主」的概念，也透過實際案例的分享，讓我們清楚看到經濟民主的意義與可行性。透過這本書我們認識到，經濟民主既非資本主義也非社會主義，而是一種建立尊重個人自由意願前提下，積極與他人合作，彼此互助互惠的信念。更是一種將「民主」推展到經濟生活領域的實踐方案，因爲，唯有經濟領域的民主，才能是政治民主的紮實根基。

謝昇佑／好食機社會企業創辦人

在利潤和成長掛帥的經濟體制裡，資本因缺乏制衡的力量而成了勞動尊嚴和合理回報的對立面。台灣的威權主義轉型包含經濟民主的面向，但因制度、意識觀念、社會資源、公共政策等因素而功敗垂成。本書透過國內外個案和經驗，深入淺出地闡明經濟民主的理念和做法，爲台灣未竟的威權主義轉型指出努力的方向。

許甘霖／東海大學社會學系副教授

推薦序

在社會民主的道路上，實踐經濟民主的指南

在二戰結束後，東西冷戰展開，共產主義陣營興起，追求民主社會主義的歐洲各國社會民主黨組成「社會黨國際」，在一九五一年發表了重要的《法蘭克福宣言》[1]，揭示民主社會主義者追求自由、民主與人權的決心，以有別於

1 台灣勞工陣線網站社會民主專區，http://labor.ngo.tw/issue/follow-topics/80-socialdemocracy/750-frankfurt-declaration

專制獨裁的共產主義者，並在序言中指出：「在資本主義制度下，剝削造成人群的分化。社會主義者的目的在於消滅這種剝削，以實現自由與正義；而共產主義者只是爲了建立一黨專政，企圖使這些階級的分化加劇。」

《法蘭克福宣言》主張在追求民主、保障個人自由與人權的前提下，必須對資本主義逐步進行替代，達到充分就業、增加生產、提高生活水平，實行社會保障以及收入與財產合理分配等目標，這是標榜民主社會主義的社會黨國際長期追求的核心理念。該宣言共分爲政治民主、經濟民主、社會民主與文化進步、國際民主等四大部分，其中在「經濟民主」部分，對於經濟權力集中於少數人的現象進行了批判，強調經濟應受到有效的民主監督，工會、生產者與消費者的組織應共同參與經濟政策的制定，以及根據各國的狀況與各種不同的形式，實現地區性企業、消費或生產合作社等，避免少數人壟斷經濟生產的成果。

將民主的價值落實到經濟生活與日常中，應該是政治民主化之後的台灣，所必須面對的下一個挑戰。然而要如何具體做到，還需要更多經驗的累積與分享。由筆者於二〇一八年翻譯，台灣勞工陣線出版的《社會民主是什麼？——瑞典的實踐與挑戰》一書，已介紹了瑞典社會民主黨在百年發展過程中，如何在保障自由民主與促進經濟發展的同時，仍維持著社會階級的平等。本書《當勞動僱用資本——以經濟民主翻轉資本主義之路》的出版，則是在上述《社會民主是什麼？》的基礎之上，沿著社會民主的道路，更進一步探討經濟民主的理念，以及在台灣實行這項理念的可能性。

本書深入介紹了經濟民主在世界各國的實踐經驗，更盤點了台灣本土的案例，提出具體的解方。過去台灣勞工陣線積極提倡，在僱傭關係之下推動勞工董事與工會對等協商，讓勞工有參與企業經營、管理的權利，開展「產業民主」理念。而本書更進一步擴大了勞動關係的範疇，將勞工接管轉型成爲勞工自主企業、集體創業、組織工作者合作社等企業民主化的行動，逐一深入探討，提供落實經濟民主更多可行的策略。

台灣在政治民主上已有一定成果，接下來正是實踐經濟民主、深化社會民主的時候，本書也盡詳提供了行動的指南。期待更多夥伴在閱讀本書之後，能夠對經濟民主的概念產生更加清晰的認識，然後一同加入實踐的行列！

蔡培元／政治大學社會工作研究所助理教授
台灣勞工陣線協會理事長

前言

洪敬舒

在過去的歷史，只爲股東實現價值的單一使命，遠超過對員工、社會乃至環境的關懷，一直主導著企業的使命發展，股東至上也成爲廣泛接受的法律與社會常識。

不過，這一切是有可能被改寫。

二〇二〇年COVID-19的大爆發，再度揭露經濟與社會之間的不可分割，宛如潮汐相互牽引。博蘭尼（Karl Polanyi）早在一九四四年已厲聲急呼經濟不能也不應該脫離社會控制，根本是眞知灼見。

任何一次經濟巨大變化都會影響所有社會個體，不論結果好壞。所以個人與他人之間的關係與互動性，遠比我們想像的深刻，只不是社會習慣偏好以競爭視角來看待世界，沖垮了社會原本緊密的互助空間。這種慣習必須被挑戰與改變，因爲「以鄰爲壑」只是在資本控制經濟的擂台上，無止境的重覆著的弱弱相爭的悲劇。

我們都聽過象徵社會不平等的口號「一%&九十九%」，但多數人都誤以爲不平等的癥結在於我們與首富之間的貨幣數量差距。事實上，一%的富足不是持有貨幣，而是象徵企業控制權力的股票。所以一%與九十九%的實質意義是少數人透過企業所有權掌控並影響全球市場與經濟，最終是我們一切生活。就像資本透過所有權行使企業管理權威，迫使勞動必須遵循著組織從屬性，政治也只是對財富持續向上再分配，展現出寬容的溫馨。

如何維持市場發展又能促成勞工從異化中解放，掌握自主權，一直是台灣勞工陣線的思考目標。我們認爲，組織所有權是企業只服從股東利益，日夜壓迫勞動的主因，要讓勞動從資本主宰中獲得解放，就必須先讓企業脫離資本與少數者控制，也就是解放集中化的所有權，轉爲由勞工共同持有，如此一來勞工就成爲擁有控制權的利益關係人，自然能夠主導企業決策與分配，從而形塑合作團結的商業文化，實踐並滿足更廣泛的社會需求，這正是「經濟民主」的眞諦。

因此本書的重點不在於批判企業或市場，畢竟所有企業在市場中提供生產服務交換，一定程度都會滿足社會多元需求。但是只有市場、組織和社區共構爲相互作用的生態系統，產生依賴與支持而非獨裁或主宰，才是企業的最佳社會功能。所以經濟民主的外部目標是讓消費者、員工乃至社區等不同的社會階層，每個人都機會透過最少資本，運用所有權先天所賦予的參與決策權利及機會，自主決定改變的方向。

資本威權和全球經濟危機造成的巨大危難，雖然令社會對分配不正義更加反感，但欠缺經濟民主的資訊與理解，也使得我們錯失對抗資本壟斷的一種有力工具，希望藉由「經濟民主」的概念介紹，引導讀者進一步思考如何透過「勞動僱用資本」徹底重組與改變企業舊有的組成結構，創造出新經濟生態系統的可能性與可行性。

第一章

經濟民主是什麼？

洪敬舒

有學者將經濟民主定義爲一種「制衡經濟力量與支持公民積極參與經濟活動的權利系統，不論其社會地位、種族、性別等」[1]。以直觀的話彙來表達，就是讓各種經濟活動的利益關係人，均擁有參與及制定決策的權利。由此可

1 Johanisova Nadia, Stephan Wolf, "Economic democracy: A path for the future? ." Futures 44.6: (2012), 562-570.

見，經濟民主是透過廣泛賦權處理經濟不平等與維護經濟參與，促使經濟重新回到社會的集體控制。

資本主義的荒謬

在人類發明GDP之後，主流經濟思維就一直強調經濟必須成長，不成長只有死路一條，所以國家與社會必須不惜一切代價維持擴張，也就是GDP增長，只有如此，所有家庭及個人才有機會在擴張過程中獲得更美好的未來。這種觀念就是俗稱的涓滴理論或是下滲經濟（trickle down）。但事實證明，當所有人自覺能在經濟擴張中獲利，反而演變為毫無止境追逐財富繁榮的集體渴望，反而造成更大的社會及環境危害，因爲以經濟之名成爲掠奪資源最強而有力的支持，就算狂印鈔票或無限擴張信用等刺激手段再怎麼低效盲目，追逐短期利益永遠是全球同步的行動。

等到市場與競爭完美結合，經濟又變成自由的代名詞，自由市場、自由貿易、新自由主義紛紛出現，更加深贏者全拿的反民主與反平等的天性，雖然社會還是會反思與質疑資本爲了實踐無限積累，導致貧窮惡化與生態的破壞，於是一再想要透過法律加強對經濟箝制或節制，或誠心的期待能夠喚醒資本主義的慈悲，但成效卻相當有限。因爲實體法律的限制很難跟得上不斷變形鑽縫的資本主義，就算是救貧濟苦的捐款行爲，也只是略施小惠的慈善之名，資本還是持續對勞動與環境進行剝削，製造貧窮與破壞，多數人也只能無奈的跟隨著資本主義的規矩而活，無奈的任憑令人厭惡的貧富差距擴大。

資本主義大幅改變社會文明之時，也創造了許多荒謬。最經典的例子莫過於墨西哥的恰帕斯州（Chiapas）。在貧富不均嚴重的墨西哥，這裏是典型的貧窮地區，這裏也同時是全球可口可樂最大的消費地區。源於一九六〇年代可口可樂獲得在當地抽取乾淨水源的許可，原本以豐富降雨量及泉水聞名的恰帕斯州，隨著水資源被大量抽取而過度開發，居民開始面臨長期缺水以及缺乏乾淨飲用水等問題。良好的政商關係，讓可口可樂得以全面控制廉價的水源而大發利市，而該公司基於「社區回饋」，選擇爲當地社區提供低於市價的瓶裝可樂。獲得「回饋」的居民比較後發現，可口可樂居然比瓶裝水更加便宜，需要飲用水的居民無奈之下只好全數轉向軟性飲料。

長期下來用可樂替代飲水的結果，當地居民罹患與糖分有關的疾病大幅增加。英國〈衛報〉指出，二〇〇八年至二〇一二年研究確定糖尿病已是該地區最大的殺手。但是當地政府的因應作法卻是「把糖尿病死亡率從官方統計數字中剔除，以免數據看起來不佳」，然而像蛀牙等跟糖分過多攝取的健康問題還是相當普遍，甚至社區研究中還發現，一到兩歲的兒童有十五%經常喝軟性飲料，六個月以下嬰兒甚至也有三%[2]。

不只居民日常生活飽受影響，就連原住民的傳統宗教儀式也徹底改變，所有祭典中原本需要用到的水，如此一一被可口可樂所取代，甚至也因爲廣告招牌太過泛濫，而被窮人撿回家裏當成爲房屋建材的一部分。

資本主義的荒謬遠不只於此。二〇二〇年突如其來的疫情，讓投資者獲得空前的利潤，勞工卻付出慘痛的代價。根據《華盛頓郵報》分析，全美最大五十家公司在疫情期間，有四十五家仍舊實現獲利，但二十七家公司卻裁減多達十萬多名員工，而大多數裁員的大公司都在四月至九月間維持盈利。尤其是

---

2 Jo Tuckman, "Coca-Cola country in southern Mexico – photo essay." The Guardian, 2019.11.15, https://www.theguardian.com/world/2019/nov/15/coca-cola-country-in-southern-mexico-photo-essay

股神巴菲特所掌控的波克夏．海瑟威控股公司（Berkshire Hathaway）在大流行前六個月，總獲利高達五百六十億美元，但旗下公司在疫情期間卻解雇多達一萬三千多名工人。零售業龍頭沃爾瑪（Walmart）也在疫情期間為投資者提供超過一百億美元的盈餘分配，同時裁減一千二百名員工[3]。原本最有實力支持員工共渡難關的大型企業，變成擴大經濟不平等的最大推手，「對勞工裁員，對投資人開支票」就算在人類面臨共同危機時刻，依然是企業奉行的鐵律。

為誰服務的資本主義？

這些只是資本主義抽取暴利兼危及社會的端多案例之一。不只是相對落後的開發中或未開發國家，連在已開發國家，資本主義的威力一樣強大。只要仔細觀察就可以發現到，許多貧富差距快速惡化的地區都是標榜政治民主的國度。以最老牌的民主國家與經濟強權的英國來說，擁有近代最悠久民主制度，但彰顯貧富差距的吉尼係數（Gini index）卻節節升高，二〇一八年達到〇．三四五，比官方原先預估的〇．三二五高出甚多[4]。主持英國ＩＦＳ不平等調查研究的諾貝爾經濟學者安格斯．迪頓（Angus Deaton）就公開指責，英國已經隨著美國腳步，成爲貧富差距最大的富裕國家之一，他認爲，英國不平等一

3 Douglas MacMillan, Peter Whoriskey & Jonathan O'Connell, "America's biggest companies are flourishing during the pandemic and putting thousands of people out of work." The WashPost, 2020.12.16, https://www.washingtonpost.com/graphics/2020/business/50-biggest-companies-coronavirus-layoffs/?itid=hp-top-table-main

4 Richard Partington, "UK income inequality greater than previously thought, says ONS." The Guardian, 2020.02.25, https://www.theguardian.com/inequality/2020/feb/25/uk-income-inequality-greater-than-previously-thought-says-ons

再惡化的根源，來自於民主資本主義（democratic capitalism）遭到破壞，「民主資本主義是否有效的眞正問題在於，是否只爲少數人服務」[5]。

泛濫的經濟不平等無疑是對政治民主最直接的嘲諷，因爲貧窮懸殊正是來自於漠視平等的政治生態。所以經濟不平等的根源其實是來自於政治民主，更精準的說法是「只在意政治的民主，卻從未想過經濟也必須同步民主」。眞正的政治民主不能沒有經濟民主的扶持，若妄想依靠脆弱的政治民主就能創造完美和諧的社會，只不過是一場美麗的誤會。

就算經歷二〇〇八年的金融海嘯，讓全球徹底明白，一切的禍端來自於國家長期放任資本投機，惹出這場全球性的經濟災難。雖然受害最深的是失去工作與失去家園的普羅大眾，但獲得最多紓困銀彈的卻是惹禍的銀行與富有階級。強烈的待遇反差引發全球社會反彈，憤怒的占領華爾街運動以及批判經濟不平等對社會危害的著作紛紛出現，但總體來說，十多年過去，經濟市場結構仍然沒有太大的改變，社會階級不僅未見流動與改善，甚至持續僵固與惡化，資本主義還是主導著經濟與社會。

社會明明不滿資本主義，爲何卻只能沉默的受制於資本主義？因爲資本主義已經有效收購並且控制原本該由全民所控制的政治，成功圍堵其他階級群起挑戰圍繞資本權力運作的經濟體系，一旦資本的能力足以控制國家政治，只會導致制度面對資本主義所製造的問題時，只能在資本主義的框架中思考解方，所以陷入無止盡的徒然。

---

5 Richard Partington, "This article is more than 1 year old Britain risks heading to US levels of inequality, warns top economist." The Guardian, 2019.5.14, https://www.socialistparty.org.uk/keyword/Capitalism/Economic+crisis/29104/15-05-2019/bosses-fear-revolt-against-capitalism

用政治民主理解經濟民主

既然資本主義爲害的根源是經濟權力的集中化，那麼翻轉資本主義的最佳方案必然是去除資本的獨裁。這項概念與社會普遍認同政治必須維持民主才能避免獨裁，是同源也是同本的哲學概念。經濟民主的基本運作邏輯一樣是透過經濟權力的去集中化，去除少數者壟斷的民主過程。所以理解經濟民主最快的方式，就是將人人所熟悉的民主政治運作，包括只論公民資格不計算資產多寡的一人一票選舉、由集體控制並可究責的民主管理、以公共利益及群體福祉爲優先的政治民主運作邏輯套用在經濟領域，也就是從集中走向分權，再透過分權實踐經濟的共享。

在分權的概念上，經濟民主與政治民主是一致性的邏輯，兩者最大的差異在於權力的賦予過程。政治理論的民主是假定參與政治的權利原本就是先天均等的人權，決定政治的權利是分散在每個人身上，只需要在既定的平等基礎上運用一人一票的投票機制，就能夠讓所有人共同決定權力如何賦予，賦予多少，甚至收回權力，從而產生政治民主。

但是在允許私有財產，並且可以無限累積的社會中，經濟權力卻是先天性的不平等，也就是以資本能夠控制的所有權（ownership）多寡，決定權力的大小，只要擁有更多資本實力就能得到更大比重的所有權，然後獲得更多的參與及決策主導權，並順理成章的占有更大塊的利潤。這種架構在所有權基礎之上的經濟制度，必定會產生利益的集中化，正是現實世界的常態。既然控制經濟的權利來自於私有財產的所有權，經濟民主要想重建平等經濟，顯然它的基本邏輯、制度設計與運作模式，就必須從解構資本主義的權力來源，也就是消除「資本實力等於所有權」的運作基礎開始。

既非資本主義，更不是共產主義

全球的政治陣營大致被區分為社會主義及資本主義，解構資本主義最為深切的莫過於與之對抗超過二百年的社會主義。許多以社會主義之名掌權的政體主張先均而後富，但最後的實驗結果卻變形成為把一切生產工具收歸國家的共產制度，結果導致由少數人控制國家的不富與不均。致力推動參與式經濟的美國經濟學者羅賓・哈奈爾（Robin Hahnel）就批評共產主義及社會主義的失敗，正是因為「中央計劃的反民主偏見」，從未實現經濟正義和效率。相同的，就算全世界盲從支持資本主義，但資本主義也沒有為社會帶來福祉共享。主張先富而後均的資本主義因為允許壟斷，再加上財團掏空政治民主一樣也是走向資本獨裁化。哈奈爾也直接了當的批判，資本主義的致命缺陷是「反社會的偏見」，就算成爲二十世紀政治的勝利者，卻成就了史上最不公平的經濟體。所以他認爲共產主義犧牲了經濟民主和政治民主，資本主義則是看似精力充沛卻效率極低，一樣不相容於政治及經濟民主[6]。

這兩種統治體系都無力解決經濟不平等的缺陷，並不表示利益共享注定只是奢望。經濟民主雖然未被冠以「主義」，與資本主義及社會主義也有部分共通性，但系統結構與主張卻截然不同。例如由上而下以權力強迫集體計劃性生產的共產制度就不是經濟民主，因爲「強迫」是民主的敵人，眞正的經濟民主是一種建立在與他人合作的互助信念，任何違背意願或只允許由上至下的制度貫徹都不是眞正的合作。

就拿一直被歸類於經濟民主典範的合作社來看，早在一百多年前已經堅

---

6 Robin Hahnel, Economic Justice and Democracy : From Competition to Cooperation (2005),94

決主張「開放與自願性」的組織性格[7]。十九世紀的法國合作學者查理・季特（Charles Gide）也一再表明，「合作社的社會主義和集體主義的社會主義，雖友好卻有本質區別，前者是可選擇的自願，後者卻是強制性」[8]。任何建立在合作思想上的組織，都不允許違反自由意願的存在，就算是最接近完全平等主義的獨立互助社群，位於以色列屯墾區內的「基布茲」（kibbutz）[9]，也必須賦予成員自願加入也可隨時退出的權利。想要解決資本主義的危機並不是再次召喚過去的亡靈，一旦企圖依靠國家來糾正資本主義就必須讓國家權力無限膨脹，最後只會再度走上反民主的失敗路線，進而剝奪人民的參與權利也喪失改變市場的機會；同理，若允許資本可以無限累積然後控制人生的一切，也只會創造出反社會。

作爲一種受到民主規範的理性經濟體，經濟民主是透過「自願的社群」，將政治民主的運作模式運用在所有權的共同控制，從而修正了共產主義的大鍋飯與資本主義的英雄崇拜。在自由意願的基礎之下，經濟民主揚棄傳統資本主義以資本計算所有權占比，回歸到民主式的一人一票計算規則，賦予成員集體控制所有權的權力，所以經濟民主是透過徹底利用改變所有權的結構，有效突破少數者利用資本優勢達到完全控制與壟斷，讓社群成員能夠共同使用所有權自發性的創造發展機會。所以經濟民主根本在乎的是人的地位優於資本，以及在組織中如何貫徹民主及平等，最後促成一個成員不被排除也不受歧視的集體

---

7 各類型合作社共同遵從一套全球標準，稱為七大原則。其第一原則即是自願與開放制度，其餘六項原則分別為民主控制、經濟參與、自治與獨立、教育培訓和資訊、社間合作及關懷社區。各原則說明可參考國際合作社聯盟ＩＣＡ官網。https://www.ica.coop/en/cooperatives/cooperative-identity

8 引自維基百科 https://fr.wikipedia.org/wiki/Charles_Gide

9 Kibbutz是基於屯墾目的於一九一〇年出現，成員在荒野中為確保生存及資源運用逐漸產生出資源共用的集體意識及財產共享的齊頭式平等，成員可自由加入或退出。但隨著八〇年代後期Kibbutz開始放寬私有化程度，目前以色列仍有超過二百七十個基布茲社區，參考資料：https://www.jewishvirtuallibrary.org/history-and-overview-of-the-kibbutz-movement

參與及共享貢獻的空間，所以經濟民主等於是將社會主義想像的權力，交由成員及社區共同掌控，並在市場上發揮共同智力及勞動，最後共享著資本主義的成果。

經濟民主是透過改造所有權，從資本主義與國家控制中奪回經濟的控制權，再將權利移轉由公眾需求來主導。從社會的大尺度上，尋求解決經濟不平等的策略，不是掐死市場，而是在社會控制之下賦予市場發展空間。畢竟從人類產生社會結構，市場就隨之存在。

有別於製造異化的資本主義，或是國家主導式的社會主義，經濟民主並不主張用取消市場制度來消滅資本主義，然後拼到兩敗俱傷。經濟民主主張維持市場機制，但市場不應該完全按照資本主義的理想被打造，理當回歸到爲更多人創造服務，就像擅長經濟哲學分析的大衛．施維卡特（David Schweickart）即認爲，「經濟民主取消生產資料私有制及工資勞動，仍舊保留了市場，因爲經濟民主主張市場爲人們服務，不是人們爲市場服務」[10]。

爲了避免自然資源一再被資本剝奪，人的發展機會被市場排除，經濟民主主張社會必須擁有制衡市場的權力。這個權力產生於民主與平等的基礎之上，從擴大市場參與機會，重新對資源的合理分配進行安排，確保市場經濟會依循著社會的集體需求與期待而發展，使其符合卡爾·波蘭尼（Karl Polanyi）在《鉅變》中的主張，「市場經濟不應該自立於社會以外，必須接受集體控制使其服從更大的社會需求」。

10 David Schweickart著，《超越資本主義》，社會科學文獻出版社，2006，p69。

誰擁有，就由誰決定

經濟民主主張賦予所有人適當運用市場功能的權力，包括勞動者。雖然「勞工」這個身份在社會主義中具有重要地位，但是二〇一九年逝世的美國知名社會學者艾瑞克・萊特（Erik Olin Wright）在《眞實烏托邦》一書中就直白指出，社會主義無法治癒資本主義的原因，在於「社會主義並不等於透過工人階級的集體結社來控制生產工具」[11]。同樣的，另一位積極推動工作場域民主（democracy at work）的經濟學者理查・沃夫（Richard Wolff）也主張，共產國家在解體後紛紛倒向私人資本主義，主因在共產主義企圖以國家資本主義替代資本主義，但在面對私有財產制、市場及勞動商品化這三項資本主義賴以發展的根基，社會主義或共產主義國家只在意建構國有財產及計畫經濟，卻忽略勞動者這個關鍵組成[12]。顯然，不管是由資本還是國家來控制，只要生產工具不是由勞動者階級自由主導，都會擴散成經濟不平等。

「由誰擁有，誰就是決定者」，一向是私有制度社會的基本運作核心，若社會擁有充足權力就能夠決定經濟的發展走向。同理，在企業組織中，改造所有權也就解決了勞動者無法擁有生產工具的老問題。經濟民主一向主張生產工具不應該完全由資本擁有，應當在企業內部創造兼具賦權與制衡的民主機制，透過重組包括生產工具在內的所有權，改由所有生產的勞動者集體控制，透過共享決策參與的民主邏輯共同營運企業，享有生產利潤。

這種民主式的集體控制，不只賦予勞動者支配資本的權利，促成生產

11 Erik Olin Wright著，《真實烏托邦》，黃克先譯，群學出版社，2015，p178。
12 Richard Wolff著，《勞工自主企業：創造經濟民主，挽救崩壞的資本主義與政治民主》，李靜怡譯，麥田出版社，2014，p139-147。

利潤的共有性，也會產生互惠關係。例如斯科特巴德公司（Scott Bader）從一九五一年營運至今，一直是由全體員工共同控制所有權的跨國性化學製造公司[13]。七十年從小公司逐步成長爲由七百多名員工共同持有管理二・三億歐元資產，並在全球設有六個生產基地和十三個辦事處的跨國企業。經歷七十年的代際更迭，員工控制所有權的集體營運模式從未被逆轉，正是因爲員工處在利益共享的工作環境下，不再需要爲了生存而相互競爭，彼此排除，反而能在共有性中擴大信任，有效發揮集體能力。從該公司內部員工訓練手冊中，就能一窺經濟民主企業的基本宗旨：

「共同管理是我們戮力追求的一種理想。這種概念是一個互相信賴的工作團體與合作組織，不像傳統的主僕關係將雇主、經營者與工人劃分得清清楚楚。雖然以某些觀點來說，它可能是資本主義和社會主義間的橋樑，但它既不是資本主義，也不是社會主義」[14]。

經濟民主的社會方案

想要在政治、經濟及社會進行全方面推動變革，經濟民主作爲資本主義在政治場域的競爭對手，必須具備強大的社會能量；做爲經濟舞台的競爭對手，需要具有市場影響力量；做爲社會領域的競爭對手，必須要比資本主義更符合

13 更多相關資料可至Scott Bader官網。https://www.scottbader.com/about-us/

14 Alexander F. Laidlaw著，《公元二千年的合作社》，孫鴻沂、湯登朝譯，中華民國儲蓄互助協會，2011，p125。

社會需求的運作方案。所以經濟民主不只要產生出有別於資本主義的理論與結構，還要創造出能夠盡可能包容不同的利益關係人的組織結構，才能促成經濟的公共性。基於這項原則及目的，全球有許多組織或機構正在策劃替代資本主義的路途，其中有些方案是使用已存在數百年之久的制度，有些則是創新性的實驗設計。

例如來自美國的一個非營利民間機構——「民主協同合作」（The Democracy Collaborative），反思到美國正面臨著嚴重的經濟、種族以及氣候變遷等不平等威脅，持續破壞民主危機，所以該組織自成立開始便著手於〈The Next System Project〉的研究計畫，致力評估各種公共性組織改革經濟發展的潛在機會與影響，從中找尋對應不平等社會的合適方案與行動。目前該計畫已經提出一些符合經濟民主目標，也有機會在市場運作替代資本主義的組織形態與架構[15]。依其屬性，大致可區爲由社會共同控制、共同投資控制與勞動共同控制等三種類型：

社會共同控制——

- 社區土地信託（Community Land Trust）：以信託形態獲得並且管理土地，爲低收入社區建立永久利益的非營利性組織。
- 土地儲備（Land Bank）：由土地管理機構將閒置土地或房屋轉予資產能力有限的非營利組織或社區利益單位，透過重新開發注入新的活力，使其回復生產性用途。
- 社區利益協議（Community Benefit Agreement）：由地產開發商和社區成員透過具有法律約束力的談判共同維護社區利益。

15 更多經濟民主組織的詳細介紹可參考Democracy Collaborative官網，https://thenextsystem.org/

- 有限權益住宅合作社（Limited Equity Housing Cooperative）：由成員共同擁有並以民主管理住宅的非營利性合作社。
- 公共製藥（Public pharmaceuticals）：由公眾而非私人股東所有的藥品開發商、製造商和分銷商。
- 民主能源事業（Democratic Energy Utility）：以非營利性質，由社區成員共同經營參與決策並分配所有權的能源開展組織。

共同投資控制——

- 公共控股公司（Public holding company）：以基於經濟穩定和發展的公共性目的，持有其他企業全部或部分所有權的一種投資企業。
- 社區發展金融機構（Community development financial institutions）：一種任務驅動型組織，致力並提供有助於創造與擴大社區經濟機會的服務。

- 儲蓄互助社（Credit unions）：由存款者所持有並專注在發揮社區影響力與健全成員財務狀況的一種合作金融。
- 社會財富基金（Social wealth fund）：透過集體所有權的基金形式控制與運用資產，使其成爲服務與提供社會或社區民主分配的資源。
- 參與式預算（Participatory budgeting）：直接賦予人們權力共同決定如何使用公共資金，促使公共投資民主化。
- 公共銀行（Public Banks）：對人民負責的金融機構，將公共資源重新投資於基礎設施、公共工程、教育、可再生能源或在地企業，使資源回流於地方。

勞動共同控制——

- 低利潤有限責任公司（Low-profit limited liability companies）：以社會使

命作爲利潤標的的企業形態。

- 員工持股計劃（Employee stock ownership plan）：由員工通過退休金計劃或信託投資完全持有或部分擁有企業。
- 工作者合作社（Worker cooperatives）：由集體成員共同擁有組織所有權，並以一人一票的民主治理。

NSP計畫的宗旨正是以經濟民主爲理念核心，透過重構社會、經濟和生態的系統性解方，解決資本主義所製造的系統性問題。檢視這些解方，其實不難發現到，並不全然是完全創新的想像，許多組織形態原本就存在於市場體系。以Credit Unions[16]爲例，其原始組織目標就是支持社區民眾獲得可近的金融服務，也就是建構包容性的金融服務，所以不同於傳統營利性銀行是從客戶端抽取昂貴的服務費用或是從投機操作中獲利，它是成員集體擁有，只爲成員提供服務的合作信用金融，不但有效降低服務費用，一樣能夠創造不容小覷的經濟效益。

根據美國統計資料，Credit Union每年約可創造價值一百六十億美元經濟收益。不僅如此，在二〇〇八年金融危機期間，信用聯盟並沒有像商業銀行一樣出現連鎖性崩潰，對經濟弱勢與小型企業提供的貸款服務也沒有急劇萎縮，反而還增加七成。協助急需金融服務的個人家庭及小型企業渡過危機，成爲美國社區經濟的最大支持力量。這種獨特的組織使命，也讓美國社會看見不同於華爾街之狼的另一種非掠奪型金融，在安然渡過金融風暴之後，不論家數、成員數及存款額，Credit Union均出現大幅度的成長。截至二〇二〇年統計，全美國

16 Credit unions在台灣稱為「儲蓄互助社」。根據中華民國儲蓄互助協會官網所示，全台灣現有335個儲蓄互助社，資產規模達到265億元。

美國Credit unions成員人數（單位：百萬人）

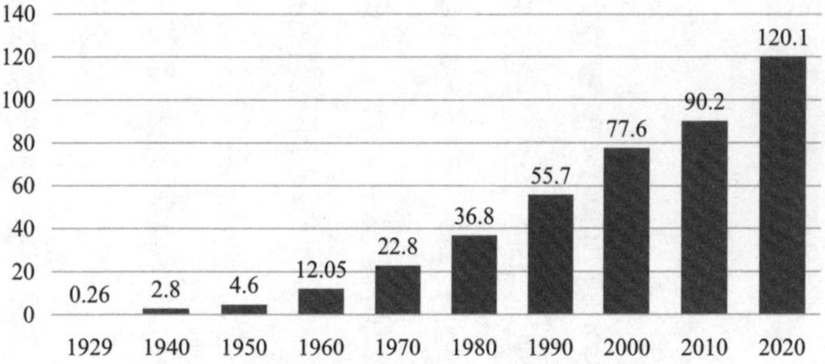

資料來源：　NCUA Annual Report, https://www.ncua.gov/analysis/credit-union-corporate-call-report-data/quarterly-data

成員已增加至一・二億人，較二千年時期的七千七百萬人成長率達一百八十%。在新書《史迪格里改革宣言：回應不滿世代的新資本主義》諾貝爾經濟學者Joseph E. Stiglitz就給予Credit Union極高的評價，稱讚其爲「美國金融體系中少數未顯現道德敗壞的證據典範」[17]。

除了信用合作金融，工作者合作社、社區土地信託或員工持股計劃，都是行之有年的國際行動方案。換句話說，現在的社會早就擁有了解決資本主義的工具與手段。這些涉及經濟行動的公共化方案，其共同精神都是在擴大公共參與作爲組織宗旨的基礎上，由公眾或社區利益關係人取代資本，成爲控制企業或非營利組織的決策核心。不僅保留了經濟與市場應有的自由流通行爲，更將民主的共同控制納入實際運作，形成兼顧經濟與民主行動的系統。顯然，經濟民主不是虛幻的烏托邦，也不是一種創新用語，而是一種徹底運用民主實踐平等的已知可行方案。

17 Joseph E. Stiglitz著，《史迪格里茲改革宣言：回應不滿世代的新資本主義》，陳儀譯，2020，天下文化出版。

以多元取代獨裁

社會對政治保有美好想像，也深知要維護選擇權的多元才能保障政治民主，但是大多數人卻對已經存在的經濟民主一無所悉。倘若，以民主制度避免政治壟斷是一種理所當然，同理，市場也不該被單一供給或需求者所壟斷，理當維持選擇的多樣性，那麼我們爲何只能接受由資本完全控制的企業，以及資本完全支配的市場？

資本主義爲了實踐資本無限積累，會製造出階級不流動的反社會、對市場壟斷的反市場，對生產成本的壓抑又構成了反勞動。所以，一個嚴重貧富懸殊的不平等社會中，經濟的鴻溝會持續削弱社會連帶，競爭則是製造對立撕裂社會信任，所以任憑資本主義完全控制經濟與社會，只會在反民主中製造出反效率。相較之下，不主張消滅資本及市場，也不以反對私有制度遏制經濟不平等的經濟民主，應對資本主義弊病的策略是以民主平等共享，讓財富集中化變得困難，而且毫無必要。

經濟民主不只共同決定如何生產，也包括如何分配生產利益以及投資利潤・所以會產生出不同於資本主義無限累積的擴張動力。在生產領域，勞動力本身是一項有限資源，不可能使用也無法一次完全提取，所以由勞動者控制企業進行生產，是無法產生出無限擴張。況且勞動者在確保自身及家庭生活安全的適足報酬後，也會傾向於減少工作時間，轉而保留給家庭或追求工作以外的自我成就，這些特質使得勞動力控制的經濟民主企業不會像資本企業一樣追逐市場的絕對壟斷，甚至會抑制組織快速擴張，避免淪陷於難以收拾的風暴之中。

所以經濟民主企業的市場擴張，不會是由一個企業完全控制。一旦出現新的市場機會或需求，這種企業會選擇聯合擴張策略，也就是協助另一批勞動者成立同質組織去填補市場需求，再聯合具備相同理念的民主企業共同結盟，透過聯合採購或研發，既可因應市場發展需求也滿足了規模化。就像獨立書店可以不斷增生與合作，無需委身於單一集團的控制被迫犧牲獨立性與特色，結果卻餵養出像亞馬遜（Amazon）這般的巨型企業怪獸。所以也有學者主張，經濟民主具有修正放任式市場機制、加強公共管理與監督企業的功能[18]。

用民主修復社會關係

經濟民主可在企業內部，爲成員創造民主控制的管理空間，依成員的勞動貢獻進行合理的平等分配。運用集體所有權創造民主與平等價值，不只解決資本主義在企業內部的分配弊病，也有效化解企業對外經濟掠奪所導致的緊張關係。就像城市社會學者理查・桑內特（Richard Sennett）的主張「民主是一種處理彼此不信任的政治學」[19]，若能將民主帶入經濟，也會在經濟流程中修復競爭掠奪所製造的不信任。

就以規模經濟爲例，資本企業爲了生存或是累積更多資本，就要盡所能排除其他競爭者的生存空間，然而這種占領市場的擴張動力，同時也要對所屬勞動力與可制控資源行使更高效率的榨取，進一步惡化內部矛盾。此外，無限制的占領市場也可能剝奪了社區自主發展的權利。從地區發展來看，巨型的企業

18 同註1。

19 Richard Sennett著，《肉體與石頭：西方文明中的人類身體與城市》，黃煜文譯，麥田出版社，2003，p106。

擴張或關廠，都會與社區產生緊張關係，因爲前者將占據更多公有財，後者則留下失業與廢墟。

只要基礎權力不再是資本所獨有，使其回歸於經濟系統中的各種利益關係人，是有機會促成團結經濟的形成。作爲一種基於社會需求的價值體系，經濟民主能夠爲社會創造更多元的供需系統，透過勞動者、消費者、生產者等不同經濟行爲人相互理解彼此的關係，有助於促成更廣泛的團結機會。一旦有多數人擺脫只被資本宰制的競技場中，相互競爭廝殺的宿命，個體就會從個人利益轉而關注群體福祉，市場就有機會從生產主義或消費主義轉移到公共福祉，促成更廣泛的權利與利益共享。

試想，作爲一名生產者，我們透過勞動力的供輸，爲手工藝或農業產品賦予新的生命價值，倘若這些產品只能經由僅在意成本利益的資本企業收購，才能流通於市場，無形中產品的勞動力價值將被資本替代，產品價差只會流向資本企業，因此我們需要能與生產者共同商討合理價值，而不是依靠資本實力制定價格的中間商機制，才能在生產與消費端取得適宜的利潤平衡。

不只如此，大多數的人不只是勞動者，更多時間還是一位消費者。從消費權利而言，眞正滿足生活需求的來源不應該只有大型超市，否則我們必然會失去接觸許多無力支付昂貴上架費的商品，只能在有限商品所壟斷的貨架中尋找產品，因此我們還需要小型商店，提供在地生產、公平貿易或者有機商品。

這些社會需求在資本主義的競爭邏輯下，被相互激化對立，但在經濟民主中不是一味的排除，而是賦予經濟行爲人的參與空間，所以運用民主及平等技術可以妥善處理現代社會中勞動與資本的矛盾，也同樣能夠延伸至生產與消費端、環境與經濟之間，處理價值與價格的矛盾。對集體福祉的一致性承諾，讓接納市場與資本的經濟民主，不致於重蹈資本主義左腳追逐市場自由，右腳踐踏社會平等的錯誤，反而有效修補資本主義的危害，實現生產、分配乃至爭議的公共性。

爲了讓人在經濟獲得自由不受綑綁，市場理應維持並支持多元化，讓各種行爲人獲得參與的權利。這種權力只能經由重構經濟組織，把原本只屬於少數股東的權力釋放至共同從事生產、勞動或消費的社會成員，由他們集體選擇想要的消費和生產模式，市場也就不需要完全仰賴貨幣交易，像是時間銀行或社區貨幣等非貨幣性或非商品化的新流通模式，就有更多機會，在不同市場隙縫中取代只能以貨幣購買服務的封閉性，有效減少市場排除。就像史迪格里茲發現到，「在系統性風險期間，表現較好的是採取合作型態的組織，以及員工決策權與所有權參與程度較高的企業」[20]。

經濟民主不只樹立更高的社會道德標準，在集體控制資本的結構底下更能有效的創造出團結力量在集體危機時刻趨吉避凶，就算無法完全消除潛在的競爭關係，但民主機制爲各種經濟行爲人在日常生活中創造出參與經濟、主導決策以及自我賦權的多元機會，透過為社區中的不同利益關係群體提供民主對話空間，也能有效緩解利益爭奪所導致的競爭與對抗。

影響所及不只經濟，還包括政治民主。一個欠缺經濟民主的社會，是無法將民主推及或深化在生活之中，因為政治並非生活常態，經濟才是。只要有更多社區成員從工作場所與經濟活動中持續演練決策參與及對話，習慣民主生活並且累積使用民主的能力，經濟民主就能夠為社區創建培力在地民主的機制與平台，提升公民政治參與的興趣與技能，徹底強化由下而上的政治民主系統與發展，不僅醫治被資本主義感染的政治體系，也修補被撕裂的社會關係。

20 同註17。

第二章

經濟民主與勞動

洪敬舒

學術研究一直燃燒大腦細胞，企圖找出控制經濟並把它導向良善公益的發展途徑，各種解方像是社會主義、社會民主、平等資本主義或無條件基本收入（UBI）等路線不斷出爐。這些思考多數是沿著政策軸線，從政治層次重新介入經濟領域。經濟民主的運動策略則是明顯不同，它是直接進入市場及企業領域推動民主工程，再集結而成社會共同體之後，透過由下而上及聯合行動具體改變政治民主結構。

下流的勞動市場

在各種社會問題中影響既久且深遠的議題就是貧窮，也一直是眾多研究和對話的主題。貧窮的歷史相當久遠，可以說從遠古部落過渡到現代社會的過程，貧窮就一直伴隨著人類的發展。只不過在早期的部落文明階段，不論貧窮或富饒都是集體性，除非被流放排除，否則多數人是過著均質的生活。直到人類生活脫離部落時期的自給自足進入工業社會，生活需求就再也擺脫不了市場，而頻繁的供需交易造成更多依賴，一旦遭到市場排除就會流落貧困狀態，所以現今的貧窮更多是聚集在個人或家戶身上。

當代貧窮的製造關鍵在於資本主義剝奪多數人的發展機會，並且加劇勞動的貧困化，迫使更多家庭像溜滑梯般的向下流動。在一個相對富裕的社會中，能夠被社會直觀感受到的貧窮，通常是顯露出強烈的物質匱乏，連生命維持都有困難，一旦從外觀就足以判別的絕對貧窮並非隨處可見，人口占比也不會太高，社會對於貧窮問題的主觀感受就不會覺得嚴重。然而，若社會將貧窮的想像限制在外顯的物質層次，往往會導致政策及制度就只觀照到少數處在劣質生活環境的家庭，進而忽略掉許多隱藏在市井巷弄之間的勞動家庭，爲求生存必須耗盡所有氣力，甚至背上債務才能維持基本生活，不只嚴重低估了貧窮的影響性，相關政策也難以對應到更全面性的經濟不平等。

經濟不平等的產生，與企業運作及生產進化有著密不可分的關係。資本、勞動力及土地被視爲是生產要素，看似一樣重要，但資本擁有太多先天的優勢，不僅突破地理疆界可隨心所欲移動，將全球生產體系納入治理範圍，勞動力仍舊無法儲存、累積與任意遷移，勞工若無法在勞動市場中出售自身的勞動力，還會面臨生存困境，只好一再降價出售。這些秉賦差異導致資本的地位完全淩駕於勞動之上，形成資本僱用勞動的生產秩序。

當代以股東利益爲最高原則的商業模式，幾乎占據所有的市場，但是以逐利作爲企業生產動力是無法履行資本勞動均富的許諾。因爲完全由資本控制的企業爲了節約生產成本，必然會朝向精細生產分工並且搭配機械技術，充份運用及調節勞動力。而隨著工作場所與工作執行的監控技術大幅提升，以及工會覆蓋率的銳減，也有利於雇主對勞工施行更高強度的工作安排。於此同時，社會安全網的弱化，也在迫使勞工必須屈就更低的薪資，於是資本獲得更徹底的控制權力。

當資本可以挾著各項優勢任意操控勞動，就會創造出「富與窮」兩種等級制度，進一步逼迫各種社會階級必須配合資本主義的規則，努力向上爬進贏家列車的同時也要無情的往下踹，落到底層的勞動者便成爲可被拋棄的調節工具。工作貧窮（working poor）便是勞動市場兩極化的特徵，失業者在一波波周期性或突發性的經濟危機中，被大量逐出勞動市場，多數人的命運只能勉強搆到邊際勞動市場。就算未遇到失業，還是無法稱之爲幸運，隨著勞動報酬下降或物價飛漲，甚至落入非典就業終身化，一樣也是掉落工作貧窮大隊的成員。

資本主義透過英雄崇拜，將社會引誘進「贏者通吃」（winner take all）的血腥競技場。人人都想贏且無論如何都得贏的競爭心態，產生能撈就撈的普遍思維，更促進默許作弊的集體文化。二〇〇九年金融海嘯就來自於銀行界爲了賺取高額報酬，過度吹捧推銷衍生性金融商品與不良債券，投資人的結果是血本無歸但金融禿鷹卻爽領政府支付的救濟金快活度日，只要違法詐欺可以搏得異常豐厚的報酬，又無需負擔相應的賠償或坐牢的機會成本，誰還會循規蹈矩？

在過去，人類以互助渡過了無數危機。但資本主義塑造的贏者通吃體制，將貧窮塑造成一種無能的自我成就，當系統性危機降臨時自求多福的蔓延，只會更加無視底層勞動市場變成殺戮戰場。社會逐漸遠離平等互惠的連帶結構，便容許更大範圍的不平等，即便如此，更多人依舊沈迷在個人成就的美好想像，到處宣揚民主不能當飯吃的反民主。

絕大多數人堅決相信民主的有效性，完全接納一人一票可以保障國家的民主與政治的平等，卻同時否定在企業中實現一人一票的治理民主，保障經濟平等的可能性。社會之所以無法查覺其中的矛盾，在於太過習慣資本主義的思維宣傳，信奉資本主義者往往會對工人集體當家作主的平等哲學嗤之以鼻，畢竟資本主義一再宣傳著工人若失去資本的管理，只會陷入集體不理性，妨礙企業的市場發展與進步，只有資本才能在市場競爭中保持絕對理性積極進取產生最高效率，只有出資者才有資格坐上主導企業的王位，勞工只能安份於勞務提供並且以管理之名為資本鞏固權威。這些以資本為主體的社會邏輯，迫使經濟必須屈從資本主義的鐵律，持續製造勞動貧困與弱勢，一切彷彿只有認命，只有一種選擇。

以勞動為核心的民主職場

想從政治源頭量身訂做「好的經濟」並不容易，因為資本可以從容的控制政治，調配資源設計出更有利於資本的經濟與市場。除非社會能夠完全奪下政治權力，否則就算政治會輪替，只要依舊維持人治，就很難避免擁權後的質變，資本主義還是能夠透過合法與不合法管道拉攏政治同盟，影響決策與資源配置。況且過去很長一段時期的經濟理論，主張企業投資與轉化資源的動力可爲社會提供所需商品和服務，所以由企業替代國家提供服務，效果通常更好，社會也逐漸認同與接受企業應該從滿足需求中獲取利潤，但是社會與國家通常忽略企業是由少數者控制的商業結構。隨著新自由主義的去管制與自由化被推廣到全世界，原本掌控政府官僚機構的權力逐步流向企業，但從國家承接而來權力卻被投注在個人利潤的最大化，將公共利益轉成私人利益，而勞動則一直扮演受害人的角色，畢竟資本透過所有權對內決定企業生產什麼、何時生產、生產多少以及怎麼生產，勞動被矮化爲聽命於指導監督的生產工具。

勞動與資本的利潤分配鬥爭經常圍繞著企業。作爲直接生產的直接勞動力來源，員工主張應占有更高利益比率，資本家則認定營運風險全由資本承擔，占有大多數利潤就是合情合理。相異的位置與利益矛盾使得資本與勞動陷入無止境的衝突，但是所有權實質掌握在資本手中，決策與發號施令的主人只會是資本，不是勞動。只要社會衡量企業成功只單看投資報酬指標，且大多數利潤

傳統企業與經濟民主的分配模式比較

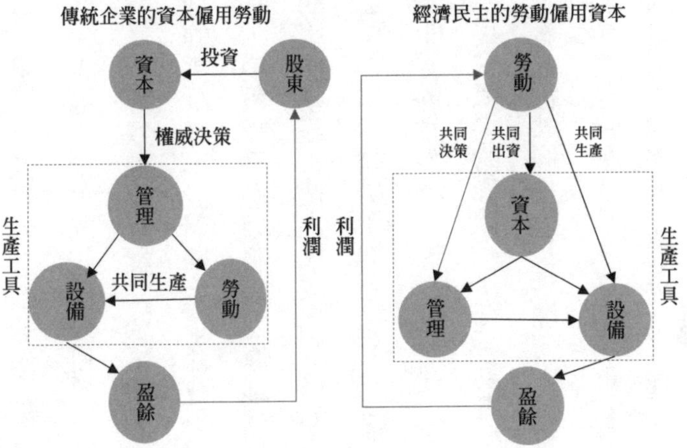

只歸於少數人時，企業的外顯行爲必然掠奪多於包容，所以資本完全控制所有權也會直接影響社會，從許多企業任意污染社區與破壞環境就不難發現，只爲股東利益而運作的企業，通常會無視其他利益關係人存在。顯然，由誰擁有並運用所有權，才是走向社會正義或是不平等的關鍵。

然而，社會並非別無選擇，勞動也不必然只能屈從於資本。美國政治學者勞勃·道爾（Robert A.

Dahl）早在一九八六年的著作《*A Preface to Economic Democracy*》中就直接表明，美國不平等的起因來自於多數人民誤解了民主、私有財產和經濟秩序的關係，導致現代企業完全掌握了所有權和控制權，並走向利益傾斜與公民權利的不平等，從而擴大了社會不信任與巨大衝突。要想化解美國社會走向解裂，道爾認爲必須將民主原則擴展到經濟秩序，不只要從政策面建構起平等的經濟基礎，使人民成爲經濟的主體，還必須建立「民主職場」（workplace democracy），讓勞工擁有控制企業的集體權力，透過實質民主體現經濟自由與政治平等的社會。

民主職場的想像，是在勞動者共同出資，並在集體所有權基礎上由同一群勞動者進行共同生產及管理。由於掌握共同所有權（mutual ownership），所以勞動會從生產要素或生產成本的傳統角色翻身成爲決策者，如此一來勞動便可控制資本，使資本回到生產工具的原本角色，就算民主企業也會追求最大利益，但共同所有權的限制，已確保利潤分配能夠流回共同出資、生產、營運的所有權人，也就是勞動者身上。

再者，勞動者擁有決策權利，就能獲得營運所需要的完整資訊權，這種對內公開透明的商業模式，有效化解一般企業因資訊不對等而引發的內在管理衝突，在對等資訊之下進行共同決策並且集體服從，也有利於降低監管成本。就像《眞實烏托邦》一書中，萊特引用具有工人集體所有權的合作社來描述生產效率；

如果工人擁有工廠，那麼他們個人的利益與上班工廠的利益，聯繫將更密切，而用在社會控制上的資源也將減少許多。既然工人擁有生產工具，他們普遍將更認眞工作，所需的監控也更少，那我們可以說，資本主義生產中密集的社會控制方式是導致無效率的一大來源。[1]

經濟民主企業的類型

想要改造企業的問題，就必須回到企業內部，重新解構分配秩序以及企業的社會角色。民主職場有助於勞動者共同獲得進入市場和服務的機會，運用勞動合作實踐民主也會產生利潤配置的公平性，所以經濟民主絕不是純烏托邦的抽象推論，而是眞實的存在，只不過「共同所有權」總被誤導成無效率的商業行爲。

所有社會變革主張都得先在理論站得住腳，並在實踐上站得夠久，才會產生說服的力量。在歐美各國，不同名稱但由工人掌控的民主企業一直是社會常態，經濟民主早已證明集體民主的可行。包括由美國所催生的ＥＳＯＰ（Employee Stock Ownership Plan）模式，是由員工持有多數股權掌握決策實權；在英國以John Lewis爲首的ＥＯＴ（Employee Ownership Trust）制度，則是透過共同信託賦予工人參與企業治理的權力，兩者的共通性都是在股權基礎上由員工共同委任專業經理人進行組織控制。此外，像是西班牙的勞動者公司（Sociedad laboral）、法國的社會參與合作社（Société coopérative et participative）[2]，以及分布於全球的工作者合作社（Worker Cooperative），都是由勞動者透過持有股權，並根據民主原則選舉管理團隊、參與決策管理與利潤分享的集體控制模式。

1 Erik Olin Wright著，《真實烏托邦》，黃克先譯，群學出版社，2015，p107。

2 這種商業模式簡稱為ＳＣＯＰ，指具有參與社會及集體利益合作社形態的公司，並受益於民主治理，即員工必須持有至少五一％的股權和六五％的投票權。

● ESOP（Employee Stock Ownership Plan）：員工所有權持股計畫

美國向以資本主義老大哥聞名，但台灣卻鮮少人知道美國一直存在一套以稅收優惠鼓勵企業主向員工渡讓股權的ESOP制度，已在社會內部逐步孕育出小型多元的經濟民主企業與社區經濟。

這套名爲員工所有權持股計劃，最早是由律師兼經濟學家凱爾索（Louis O. Kelso）創建，一九五六年在他協助之下成功將Peninsula報社的所有權轉移給所有員工，產生美國第一個員工所有權企業。隨後，由於管理學界主張應該強化退休基金，使基金產生促進員工財務安全、資本流動性等多元性，於是美國國會於一九七四年正式通過《僱員退休收入保障法》（the Employee Retirement Income Security Act）賦予員工持股計劃正式法源基礎，授權退休基金可爲員工收購所在企業的股份。隨著數次修法，逐漸擴大適用範圍，一九八四年修訂的《稅收改革法案》（Tax Reform Act）進一步針對員工持股計劃提供稅收優惠政策，包括向員工出售超過三成股權的企業主可推遲課徵資本利得稅，作爲所有權往民主移轉的誘因。

根據NCEO於二〇一七年發布《Employee Ownership & Economic Well-Being》報告[3]，全美國約有一千四百二十萬名員工，六千多個員工持股計劃，控制資產達到一．四兆美金。但員工持股計劃的原始設計是類似於401(k)退休金計劃，由員工自薪資中提撥一定金額投入退休基金，再由基金購入自家公司股票，並以員工信託形式共同持有資產，等到離開公司或退休時，員工可出售股票獲取資產的增長。使得過去員工持股計劃只偏重在未來性的資產投資，員

---

3 NCEO全名為Information about the National Center for Employee Ownership，為一九八一年成立的非營利組織，其使命是為企業員工和公眾提供員工所有權相關資源：https://www.nceo.org/articles/esops-by-the-numbers#1

工利用持股完全控制企業的機會與意願相對較少，雖然透過信託持股可獲得一定程度的話語權，但未能完全掌控股份的情況下，資本主仍占有較多的權利。

直到二〇一八年八月聯邦政府正式通過《商業街員工所有權法案》（Main Street Employee Ownership Act），由各州的小企業管理局（SBA）主責推動企業轉換爲員工持股企業或由勞動者自組的合作社，同時由ＳＢＡ提供貸款擔保有助於銀行爲收購計畫提供貸款，並且透過一對一的諮詢服務直接協助企業移轉，新法案的另一項特點則是要求員工透過信託必須持有至少五十一%以上股權的適用性，也改善了過去有限持股影響員工決策參與的制度缺憾。

目前全美目前最大的員工持股計劃企業是Publix超市，成立於一九三〇年並於一九五九年開始實施員工所有權計劃，Publix超市在美國七個州擁有一千二百多家企業，是一家擁有十九萬三千名員工，年營業額超過三百四十億美元的大型企業。在Publix，每位參與ＥＳＯＰ的員工在退休後會由信託基金回購股份，再將重新分配至員工的所有權信託帳戶，確保股權由付出勞務貢獻的員工所擁有而不會對外流失。而在製造業也有一九六二年成立的Amsted Industries，該公司於一九八六年制定員工持股計劃後便持續提升員工持股比率，終於在十一年後的一九九八年達到員工百分之百持有股權的最終目標。如今該公司持續發展茁壯，成爲跨越十一個國家擁有五十三家工廠以及一萬八千名員工的大型企業，同時還被Forbes magazine評選二〇一六年美國最佳大型雇主之一。

- EOT（The Employee Ownership Trust）：員工所有權信託

同樣是老牌資本主義的英國，也有相似的員工所有權制度。這一套稱爲員工所有權信託的制度，同樣是透過信託基金由員工間接性持股，做爲掌握組織控制權利的核心。不同於國內企業常見由家族成員牢牢控制信託基金，員工所有權信託不論名義或實質都是由員工所有權控制董事機構。員工所有權信託的特色在於所有員工共同持股，並非個別持有，所以每位員工不論職務高低均可獲得相同報酬均分營業利潤，至於職位或技術的價值貢獻則反映在薪資，讓分散在不同工作崗位的勞動力得以兼顧合理與公平性。

員工所有權信託運作最知名的案例，莫過於在英國被稱之爲「約翰路易斯經濟」（John Lewis economy），堪稱全球知名典範。這家擁有三百四十八家超商、三十六家百貨公司、十四家傢俱店商店及電子商務公司與農場，且年銷售額超過一百一十五億英鎊的巨型企業——約翰路易斯百貨（John Lewis Partnership Plc），現由近八萬四千名全體員工共同管理，透過掌管資產的信託以及涵蓋所有員工利益的公司憲章（Constitution）這兩項無法分割的基礎之上實踐員工集體民主模型。在JLP的員工從工作第一天到退休前的最後一天，都會被視爲合作夥伴並在平等的夥伴關係（Partnership）中共同分享利潤。所有員工都有權競選夥伴關係委員會的代表席次進入決策核心。憲章同時規定，董事長每半年必須出席委員會進行報告，倘若委員集體認爲董事長無法履行憲章精神，即可依憲章所賦予的權力決議解任，也就是員工有權共同開除CEO，以確保JLP維持在利潤及決策共用的雙軌式民主。

爲提高經濟民主的滲透率，英國在二〇一四年將員工所有權信託制度引入財政法案，力圖促使員工所有權信託成爲普及的商業模式，只要企業出售超過半數股權轉移至員工所有權信託，也同樣可獲得資本利得稅的豁免。根據員工持股推動組織EOA（Employee Ownership Association）的統計[4]，二〇一八年英國前五十大員工所有權公司合計年營收達一百九十八億英鎊，營業利潤中位數增幅達九．二%，合計員工所有權信託所覆蓋的人數規模超過十七萬人。

4 引自EOA官網，https://employeeownership.co.uk/resources/reports/

● 勞動者公司（Sociedad Laboral）

在西班牙也有針對工人持有控制所設計的「勞動者公司」，這種獨特的工人所有企業早在一九八六年便經由立法正式推動，與美式的ESOP及英式EOT的最大不同，在於政策原始目的更強調勞工的絕對控制與共同經營管理。

勞動者公司的制度設計主要是鼓勵失業工人相互合作組成共同控制公司，所以將民主與失業救濟制度結合，支持失業者集結有限的失業救濟金成爲啓動企業的資本，將福利性質的救濟轉化爲具更高經濟效益的生產資本。西班牙政府不只提供相對應的租稅優惠，相關制度設計都圍繞在確保勞動者公司是由成員完全控制，包括工人成員必須掌握超過半數以上的股權、任何成員都不能持有超過三分之一的股本，除非是在草創階段只有兩名工人。雖然法令也容許非營利法人或公共實體可成爲股東成員，但持股上限也不得超過半數，避免控制權外流。

另外，西班牙政府對於勞動者公司的內部股票交易也設有優先順序，釋出股權必須以尚未成爲會員的受雇工人爲最優先，其次是具會員身份的工人夥伴，再其次才是其他非會員工人或非工人股東；法令同時要求勞動者公司的工人會員人數若少於二十五人，僱用員工的工作總時數被限制在公司年總工時的二十五％以下；超過二十五人以上的公司則降爲十五％，確保在勞動者公司之內具有實質勞務貢獻者，都有機會獲配股份利潤並成爲控制者，以避免淪爲另一種剝削式的資本雇主。

經過多年的推廣，根據西班牙社會經濟商業聯合會（CEPES）統計，二〇一八年第四季末西班牙境內一共擁有八千七百二十五家勞動者公司，創造出超過六萬二千多個就業機會，參與行業以服務業占六十・二％爲最多，工業則爲二十八・五%[5]，成效可謂不斐。

● **工作者合作社**（Worker Cooperative）

聯合國將二〇一二年訂爲「國際合作社年」，突顯合作社對於社會團結經濟的正向發展。在眾多合作社類型中，國際普遍把成員共同生產對外提供商品或服務的合作社，通稱爲Worker Cooperative。工作者合作社是一種由工人自行組織，集體擁有生產資料，無需雇主管理全由成員自行經營生產的勞動團結型態，也是全球最早出現的經濟民主企業類型。

工作者合作社與傳統股權公司最大的不同處，在於透過「一人一票」結構執行內部治理，雖然權利的基礎一樣來自持有股權，但合作社則是徹底改變傳統企業只以資本投入計算權利的運作模式，賦予成員或利益相關人提供平等參與及決策權利，因此兼具減貧、創造就業和社會融合的多重功能。

早期的工作者合作社是經濟壓力和社會動蕩的時代產物。例如一七六一年在蘇格蘭的「芬威克紡織工社團」（Fenwick Weavers' Society），正是一群手工工匠的共同組織，以集體共識決定紡織品的生產價格，確保所有成員不受下游盤商的剝削。此外，一八七〇年英國赫布登布里奇也出現一家由工人自行經營的紡織工廠 Hebden Bridge Fustian Society，同樣是由工人以共同儲蓄基金，最終建立一座由工人共同持有的工廠。一八七四年時工廠只有五十四名工人成員，但一九一九年增加到三百多人，依靠工人集體自治，生產出售織布成品及服裝，居然創造出長達五十年的利潤[6]。

發源於法國的工作者合作社，現今在歐洲的發展最爲健全也最具規模。根

5 參見CEPES網站，https://www.cepes.es/

6 Anca Voinea, "Hebden Bridge pays tribute to its co-operative history", COOP news, 2019.07.08。https://www.thenews.coop/140689/sector/community/hebden-bridge-pays-tribute-co-operative-history/

據二〇一五年的歐洲合作社統計，隸屬於工業及服務業的合作社，占所有合作社類型的三十六%，約六萬二千家，共計創造超過一百三十萬個就業機會[7]。

把資本降爲生產工具

經濟民主企業對於勞動者最直接的影響，是透過控制所有權改變資本控制勞動的傳統運作。一般資本企業之所以存在分配不均，是因爲利潤的分配對象，大致上分成支付勞動者的勞動報酬、管理層的紅利以及投資者的股利，名義上是各司其職領取相對報酬，實際上利潤多保留在股東身上。雖然資本主義也允許重覆獲得，例如上市公司的管理階級及員工可以一邊領取月薪，同時透過證交所買賣公司股票獲得股利分配。不過這也止於少數狀況，因爲絕大多數公司並未上市，這些未公開流通的企業股權幾乎是掌控在家族手中，員工幾乎不可能獲得。相對的，在經濟民主企業中，分散股權使其共同則是普遍性策略，同一群成員共同結合了出資、生產、營運的多重身份，徹底解決資本主義只允許資本實力愈高者獲得愈多報酬的分配爭議，因爲經濟民主企業的控制者們本身都具有勞動身份，不再只是純資本的權利，所以在分配過程會傾向於降低資本的權重，轉而增加勞動報酬。一旦資本降爲生產工具，就能有效抑制分配的不平等。

部分經濟民主企業如前述的勞動公司，也可能存在未出資的受雇者。因此

7 Europe Cooperatives, The Power of Cooperation. Cooperatives Europe Key Figures 2015. Brussels: Cooperatives Europe, 2016.

解決方案是對受雇者開放優先股權認購，使受雇者在自由意願之下決定是否從受雇身份轉成經營夥伴。況且由勞動者控制資本，內部也會傾向同工同酬，降低勞資的矛盾。以工作者合作社爲例，出資成員與未出資的受雇者，在勞動生產中投入相同勞動貢獻會受領相同的報酬，但只有出資成員才可以在營業利潤中獲得第二筆來自持股利潤，作爲出資獎勵。

各種商業模式比較

	一般企業	工作者合作社	夥伴關係	獨資經營
目的	爲股東創造財富	爲成員集體創造財富	由合夥人共同創造財富	爲自己創造財富
所有權來源	基於持有股份	基於持有股份	基於持有股份	個人完全獨有
決策權	基於所持股份數量決策，並委由董事會管理	所有成員均擁有一票共同決策，或共同選舉董事會管理	基於合夥人共識談判	個人完全決定
利潤分配	根據持股數量分配利潤	根據勞動貢獻計算報酬，並依持股比例分配年度盈餘	利潤根據協議在合作夥伴之間分配	個人完全取得
資金來源	股東投資或貸款	成員股金或貸款	合夥股金或貸款	個人資本或貸款

爲了維持民主治理結構，經濟民主企業對於個人持有公司股權有時也會設置上限，確保權力處於分散狀態，避免再度走向少數控制，且成員持有的股票雖允許流通，但通常不直接對外交易，而是由其他成員或新加入成員接手，使得權利始終保留在內部由集體控制，但最終交易結果任何成員都不能超過持股上限，且持股有權分配生產利潤，但實際獲得也多會設有上限，以便保留更多不分配盈餘作爲企業發展所需資本，維持組織發展的永續性。這些原則機制確保企業內部民主的永續與集體價值，促使成員自願持續的投入勞動與資本，爲彼此創造更廣泛與長久的福祉。

經濟民主的效率實證

社會普遍欠缺經濟民主的知識與理解，即便對資本主義操弄經濟的不正義感到反感，卻苦無對策，只好轉向擁抱自我成就而非共同成就，更加強化對英雄主義的膜拜，於是對於民主控制與平等實權改革經濟的可行性，總會抱持著高度的不信任與懷疑。

相較於亞洲仍舊停留在傳統家族企業的封閉性治理，國際上探討經濟民主可行性的研究資料相當多，可列舉的成功案例更是數以萬計。這是因爲歐美各國擁有更多接觸及運用經濟民主的機會，甚至成爲學術機構的主要研究對象。以美國的員工所有權制度爲例，產官學界都有許多實證研究，足以證明由工人集體管理比起資本控制的同行企業普遍更具活力，對所有權進行改造強化工作場域的平等與民主，也會對勞工產生經濟賦權的效益。

例如羅格斯大學（Rutgers university）多年前就設立了「員工持股與利益共享研究所」（Institute for the Study of Employee Ownership and Profit Sharing），積極投入員工所有權的實證研究。包括運用一九八八年至一九九四年的比較資料發現，員工所有權公司與相近規模行業及地區的一般公司，前者的年營業額、就業機會平均增加二・四%、二・三%[8]；二〇〇八年另一位學者在對比三百二十八家員工所有權公司後也發現人均銷售額比起同類公司高出八・八%[9]。換言之，「分配正義」反而構成了經濟民主企業發展的最大動力來源，因爲員工若能獲得充足的控制權力，不只能從所有權中分得更多利益，

8 Blasi Joseph, Douglas Kruse, and Dan Weltmann, "Firm survival and performance in privately held ESOP companies". Sharing ownership, profits, and decision-making in the 21st century, 14(2013), 109-124.

9 Kramer Brent, "Employee ownership and participation effects on firm outcomes", 2008.

ESOP企業與非ESOP企業的資遣率比較

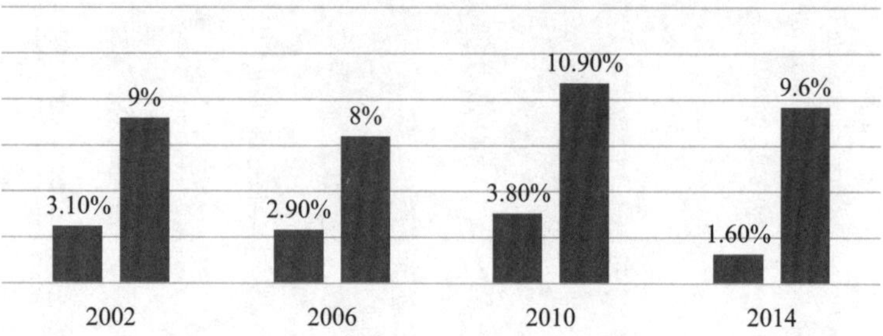

資料來源： Douglas Kruse, "Does employee ownership improve performance?"

還會凝聚出更高階的向心力，共同強化企業的競爭能力。美國最大規模的民間經濟研究中心——「全國經濟研究局」（National Bureau of Economic Research）[10]在二〇一二年針對一百家員工所有權企業樣本分析中發現，員工有機會獲得更多股權也會努力增加股本回報率，進而形成內部向心力的互惠，在共同資本結構底下所形成的薪資報酬、受信任的監督、決策參與及資訊共用，有助於建立正向與積極的公司文化，與激勵薪資、賦予員工權力與創造工作場所文化等政策相結合，員工流動率也有明顯的降低趨勢[11]。

員工持股結合共同參與的組織文化有利於生產力的提升，同時也會衍生強化企業體質及韌性的效益。長期鑽研員工所有權制度的經濟學者道格拉斯・克魯斯（Douglas Kruse）也證實，員工所有權企業撐過十二年生存期的機會比一般公司高出二成，破產或倒閉的機率只有同行企業的一半，顯示員工所有權企業有較高的生存率[12]。其他經濟學家也發現工作者合作社比傳統的資本主義公司有更高生產力、存活期以及效率[13]。在經濟衰退時期，員工所有權企業也展

10 為全美最大的經濟學研究組織，據統計美國三十一名諾貝爾經濟學獎得獎者中曾有十六人曾任職於該研究所。

11 Douglas Kruse, Joseph R. Blasi, and Richard B. Freeman, “Does linking worker pay to firm performance help the best firms do even better?”. National bureau of economic research. 2012

12 Kurtulus, Fidan Ana, and Douglas L. Kruse, How Did Employee Ownership Firms Weather the Last Two Recessions?: Employee Ownership, Employment Stability, and Firm Survival. WE. Upjohn Institute for Employment Research, 2016

13 Virginie Pérotin, “What do we really know about workers’ co-operatives?”. In Mainstreaming co-operation. Manchester University Press, 2016.

員工控制企業的所有權效益

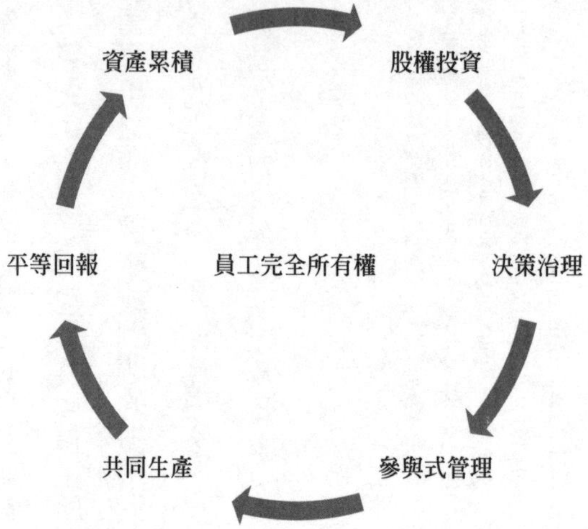

現更高的穩定性、存活率以及更低的裁員率[14]，擁有更高生存機率，使得員工所有權企業得以創造出降低失業、穩定經濟與增加工人財富的多重優勢，從而形成減緩經濟不平等的正向循環。諸多的學術研究，恰恰驗證了「只要讓工人擁有生產工具而無需仰賴監督，就可以讓工人努力並富有責任感」的論點。

另一個長期推動員工所有權的民間單位，全國員工所有權中心（National Center For Employee Ownership, NCEO）在二〇一七年公布的報告《Employee Ownership & Economic Well-Being》，也揭露許多頗爲關鍵的調查結果。報告中指出，員工所有權有助於健全員工的家庭財務狀況，其家庭財富中位數比起未參與員工所有權計畫的員工高出九十二%，約爲二萬八千五百美元對一萬四千八百三十一美元。不僅財富利益較大，由員工控制的公司通常會創造出更靈活的工時，或是醫療保險等必要性福利，即使處在低薪行業，擁有所有權的成員也有較高的機會獲得福利支持與工作技能的培訓；該研究也發現到，員工所有權企業的員工，平均工作年限比起一般企業多出五成三，顯示被解僱的機率明顯較低，再次證明員工所有權確實可創造出更穩定及平等的就業機會。

14 Douglas Kruse , "Does employee ownership improve performance?", IZA World of Labor, https://wol.iza.org/articles/does-employee-ownership-improve-performance/long

夥伴關係的發展效益

從企業結構來看，不需要爲從未謀面的股東不顧道德義理的爭利，自然有助於修補資本對於勞動的危害。英國的約翰路易斯百貨（JLP），是全球最知名的大型員工所有權企業代表，光是從公司名稱中Partnership就能發現該公司的工作者都是具有共同控制權利的夥伴。

JLP的創始人約翰·史佩汀·路易斯（John Spedan Lewis）出生於一八八五年九月，其父親在倫敦的牛津街開設約翰路易斯百貨。二十一歲時獲得百貨公司四分之一股份，由於接受當時的社會主義思潮，他意識到全家人享受著兩家商店都是來自於勞動力的貢獻，於是觸發產生改變組織結構，將員工的幸福置於最優先的想法。在接手公司之後，他開始推動工作條件的改善從而重塑企業文化，包括縮短工作日、建立工人管理委員會，提供帶薪休假，並出版內部刊物宣傳員工優先理念。他的改革理念逐漸獲得員工的認同，勞雇雙方齊力將公司轉虧為盈。於是史佩丁在一九二〇年首度推動員工利潤分享計劃。

直到父親去世後，史佩汀正式接手家業，更致力於邁向員工集體持股，首先創建公司憲章（Constitution）確立所有員工均是共同發展的夥伴關係，不論先來後到。一九二九年再將百貨公司改組為John Lewis Partnership Limited，並簽署信託協議，將股權以信託形態轉為員工共同控制，一開始仍由史佩汀實際掌理業務，穩定組織過渡時期也讓員工透過共同信託享有利潤分配，進而認同與接納身份的轉變。一九五〇年再度簽署第二份不可逆的信託協議，將控制權完全移轉為合夥關係，JLP正式成為所有員工的共同資產，史佩汀也在一九五五年主動辭去董事長一職。

如今八萬多名員工依舊合作夥伴的關係基礎上成為該公司的實質控制者。

ＪＬＰ的成功在於建構對等的權利與義務，並且確保所有成員夥伴確實履行，也共同分享成就和利潤。ＪＬＰ的制度設計是透過三個管理組織，進行權責分工。包括，由集體成員共同推舉代表，進行夥伴關係的授權、履行與監督的夥伴關係委員會（Partnership Council）；以及由員工遴選部分席次與外部獨立董事共同組成，執行企業的發展規劃及決策的夥伴關係董事會（Partnership Board），最後則是董事長（Chairman）所率領的行政管理團隊，執行董事會決策運行組織。通常這個時候企業負責人，三方之間採取權力均衡與分工，但是由所有成員權力賦予的夥伴關係委員會，則是擁有最高議決權利。

在ＪＬＰ任何成員都有權自薦及推舉成爲夥伴關係委員會代表，參與組織決策，代表第一線反映相關意見及建議，且董事會必須回應，倘若委員會認定董事長違反或抵觸夥伴關係的精神，還可以依照憲章由集體表決，決議是否解任董事長或改組董事會。這套採取相互分工、制衡及互補的機制，確保七十多

約翰路易斯百貨之權利結構圖

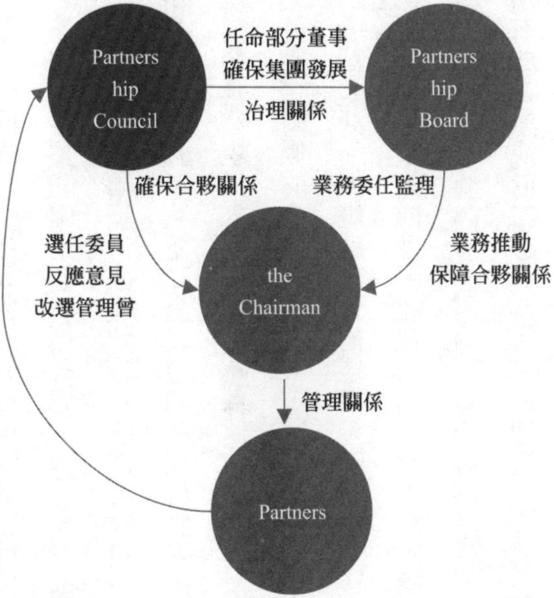

年來仍維持著穩定的夥伴關係，並安然渡過多次經濟危機，由員工控制主導的企業也愈發茁壯。

雖然像JLP這般大規模的員工所有權企業不算常見，但在英國，小規模企業不僅更適合員工所有權制度，透過信託由員工完全取得完全所有權也相當常見。在改裝車界頗具知名度的企業「傑爾巴露營車」（Jerba Campervans Ltd），一開始是由兩位喜好野外生活的夥伴於二〇〇五年共同成立。從改裝任何貨車開始累積技術，並獲得Volkswagen青睞，雙方簽署合作契約由JC公司爲旗下露營車提供專屬改裝。二〇一二年十月，該公司的改裝技術獲得歐盟認證，成爲英國第一家獲得安全認證的露營車改裝公司。二〇一五年，JC公司發明了獨特的彈出式屋頂設計並申請正式專利，成爲公司營業規模大幅提升的關鍵技術。

通常這時候的企業的負責人，已經準備開始過著錦衣玉食享受所有一切成就的奢華生活。但是就在公司穩步走向坦途之後，二位創辦人決定與共同打拼的員工共享未來的成就，並在二〇一七年開始構思所有權轉移，在與員工商討規劃及研究後，共同成立傑爾巴露營車信託基金（Jerba Campervans Trust），由所有成員議決於二〇一八年一月開始，透過公司的利潤分期承接公司股份，轉爲百分百員工所有權企業。

就像該公司網站的標題，「員工擁有企業對客戶有什麼好處？」。只有十名成員的JC公司認爲，員工擁有公司可大幅減低流動率，而唯有敬業和經驗豐富的員工才能夠提供始終如一的高質量產品和服務。由於所有員工共同分享公司利潤，「人的福祉是公司的關鍵」，只有員工在工作環境中擁有眞正的發言權，產生平等的驅動要素，使企業得以在社區中扮演更爲長期穩定的發展角色，而不是等著被大公司購併而失去原有風格[15]。

在美國，運用員工所有權創造企業共榮者也不在少數。位於美國波士頓的Harpoon Brewery，也是由小企業轉型的案例。在一九八六年由三個對啤酒有共同熱愛的大學好友所共同創辦，隨著知名度與規模的擴增，逐漸成爲頗具知名度的在地釀酒企業。

15 見該公司官網，https://www.jerbacampervans.co.uk/employee-ownership-eo/

該公司順利發展引來酒商及私募基金不斷洽談收購，引起聯合創始人開始構思是否有機會採取與眾不同的經營方式，使得旗下的釀酒師及員工能夠在專業之外，發揮更大作用。於是三位創辦人共同商討後決議選擇員工所有權計畫，為一百六十名員工提供收購公司獲得所有權的機會。

Harpoon所製定的計劃是由創辦人釋出四十八%股權由員工收購，但員工不需要立即付現，而是以未來可以分配到的利潤分期支付[16]，為員工降低收購門檻。表面上三位創辦人仍然掌握過半股權，實際上員工總股權已經可以有效掌握董事會的關鍵席次。在成功轉向員工所有權之後，Harpoon的市場與規模持續擴大，總員工人數也擴充至一百九十人，再次證明只要擁有更多參與決策權力，令成員的未來利益與企業發展能夠一致，員工自然會更加賣力。

藉由各國經濟民主的實際範例，不難理解一旦民主有機會進入企業，組織就是由勞動者的資本及勞力集體貢獻所組成，不再是由外部股東或經理人掌握，這種勞動持有者與資本控制者同爲一體的規則，讓民主企業將資本主義追逐利益的集中化，轉爲實踐集體利益的最大化，也就是關注勞動者集體的最佳利益，進而改變勞動者考量利益的重心，從只在意當下的收入轉向未來的報酬，所以經濟民主企業所創造的利潤，除了作爲當月勞動貢獻的報酬，維持穩定的家庭收入之外，成員也會傾向保留部分利潤做爲資本再投資，既可確保組織的可持續性，也有利於在未來創造出更高的報酬。

16 Jon Chesto, "Harpoon weighs sale to outside investors, but sells stake to employees instead",2014.7.10。https://www.bizjournals.com/boston/blog/mass_roundup/2014/07/harpoon-weighs-sale-to-outside-investors-but-sells.html

我們不需要老闆

創辦知名員工所有權企業EA Engineering的Loren Jensen曾說過，「我並不是要貶低資本主義，但現實是股東只想發財，除非寄望獲得良好的投資回報，否則沒有人會買股票」[17]。所有權對於組織的重要性在於支配資源與行使控制權，所以企業必須牢牢掌握所有權，就像國內的百年企業大同公司一再爆發市場派與公司派的大亂鬥，正是雙方不斷拉攏大股東或收購股票爭奪公司主導權所導致。同樣的，資本主義必須將勞動商品化，才能盡其所能的壓制生產成本。於是少數人透過控制資本，不但占據勞動技能的潛在價值，也擁有企業的現在與未來的資產利潤，勞工則在從屬性下喪失自身智力與體力的資源專利，淪爲與機器設施同等地位的生產工具。

說到這，一個直接又簡單的邏輯已經顯而易見，勞動貧窮的因果宿命在於「資本控制企業，企業控制勞動」，形成勞資之間難以跨越及化解的矛盾。所以解決之道也在於改變組織的權力結構，將原本只屬於外部股東所有權利轉爲由勞工共同出資集體生產，勞工就能控制企業打造出民主職場，不只自我穩定了就業機會，營業利潤也會變成集體的共同利益，所以資本與勞動之間的階級對立，只能將兩造重疊合而爲一，才有機會化解。

從運用範圍來看，經濟民主是在一個企業內部進行權力的重新配置，所以資本主義會義無反顧的降低勞動成本，而經濟民主卻會傾向於降低資本成本。這個道理極其簡單，因爲提供資本過多的分潤只會侵害勞動的利益，而這項利

17 參見Fifty by Fifty官網，https://medium.com/fifty-by-fifty/ea-engineering-aligning-mission-and-corporate-structure-dd6321df10b

益恰恰是勞工這個新組織控制身份的最主要收入。一旦勞動者共同控制生產工具，生產規劃就不再是由資本控制或由國家承擔，而是勞動者共同議定並承擔生產責任與風險，所以任何的經濟利潤，不會循著資本主義模式向上集中，反而會隨分散的所有權與集體民主決策向下流動。

勞動者一旦形成民主治理，就不需依循資本的邏輯傷害勞動，因爲民主企業無需爲從未謀面的股東支付龐大利潤，也無需不道德的爭利。如此一來，經濟民主就能夠實踐對內與對外的團結、互惠與合作。這種截然不同於資本企業著重股權回報而輕視勞動貢獻的結構，正因爲組織控制者是勞動而非資本，一如前述的JLP的成員正因爲透過所有權的掌控，不僅免除了雇主股東與管理層對勞動的抽成，也在集體勞動者的共同意願下，實踐「人的首要地位優先於資本」。所以勞動者控制的民主企業，並不是一群散兵遊勇的集結。

透過集體合作所產生的集體互惠，勞工之間會產生更高階的信任感，也就是利他主義。不過民主平等不是單向的賦予成員權利與福利，更是維持組織長期穩定發展的共同責任，使得利他不會隨著搭便車（free rider），被扭曲成爲少數人的利潤，所以勞動合作有利於產生出重構社會資本的社群，不只是對抗貧困的重要工具，直接影響勞工及其家庭生活。經濟民主的擴散式利益，也絕非純經濟、純累積、純私有的貨幣資本所能比擬，因爲它會產生強大的外溢效果，包括改造社區的未來命運。

二〇〇一年十二月，阿根廷經濟全面崩潰導致大量工廠關閉，工人面對生計突然斷炊，社區也因經濟蕭條而逐漸殘破不堪。忍無可忍之下，一群工人自行剪斷大門鐵鍊，占領空無一人的廠區，開始燒紅鍋爐自主生產經營。著有《*No Logo*》一書的知名作家娜歐蜜·克萊恩（Naomi Klein）與丈夫阿維·路易斯（Avi Lewis）就以阿根廷的聖馬丁冶煉廠（Forja San Martin）爲背景，製作拍攝了一部紀錄片《The Take》，詳實紀錄工人在公司倒閉之後，如何共同商討運用工作者合作社模式實行工人自治生產，捍衛工作權益與生活尊嚴的接管歷程。接管工廠行動快速捲起阿根廷工人的自救風潮，雖然占領行動終究會引來資方的騷擾、威脅，甚至以侵占狀告司法，但在工會系統的大力支持與推動之下，至今工人接管工廠的行動仍在持續，更進一步集結成爲「Movimiento Nacional de Empresas Recuperadas」（重啓企業全國行動），透過全國性運動成功迫使阿根廷政府於二〇一七年底通過一三七一〇號法律，承認工人接管具有「社會利益」（social interest）的正當性，並爲重啓公司的工人共同所有權提供法令保護和支持。截至二〇一三年，阿根廷總共完成三百十一家由工人接管的新公司註冊，搶救超過一萬三千四百六十二個就業機會[18]，且多數成功營運至今。這些工人雖然是基於自救而行動，最終也證實了勞工擁有自主經營的能力，只要具備共同意識及社會支持，勞工不但有機會避免重覆失業的悲劇一再上演，也能夠將自身與家庭的未來，穩定的掌控在自己的手中。

互助合作的利他主義

勞動合作絕不是孤芳自賞的邊緣經濟，它不只出現在生產，在其他市場也能找到存在的蹤跡，而且多以合作社形態出現。早期各類型合作社的起源，主要來自於個體無力獨自面對風險意外，只好透過集體化形成對抗力量。而

重啓企業全國行動（MNER）的組織logo[19]

18 CEDET Rosario, "Empresas recuperadas: entre la crisis laboral y el acompañamiento estatal",2019.11.16, https://www.elciudadanoweb.com/empresas-recuperadas-entre-la-crisis-laboral-y-el-acompanamiento-estatal/

19 引自MNER官網，http://mner.com.ar/wordpress/mner/。該官網上提供許多阿根廷工人接管工廠運動的案例與實態發展。

最早以合作形態進行組織化的領域是保險業。聚集個體零散的資本，並在意外來臨時提供急難支持，大幅強化個人因應風險的能力。此外，勞動者的集體自保也一直是面對資本剝削時的反抗爭略。溯源到五百年前的蘇格蘭阿伯丁港（Aberdeen Harbour），一群搬運工人於一四九八年成立搬運工協會「Shore Porters Society」，將搬運費用設定在一個合理的水平。這個基於相互保護目的的社團，因爲採取成員付費制（相當於入股金）、一人一票和利益共享，成爲世界第一個合作社。而合作社界的傳奇－羅奇代爾公平先鋒社（Rochdale Society of Equitable Pioneers）於一八四四年在英國成立，更是一群工業革命時期收入拮据的紡織工，以共同採購降低生活消費成本的產物。正是因爲合作社可協助個體集結爲群體，並在各種市場形態中強化市場談判籌碼，矯正交易權力的不對等，所以也被稱爲自助與互助的組織。

合作社是一種以人而不以資本爲優先的一種企業。國際合作社聯盟（ICA）

將合作社定義爲：「由人們自願結合之自治團體並經由共同擁有及民主控制的企業，滿足共同的經濟、社會、文化需求與願望」。在國際通用的定義之下，工作者合作社與其他商業組織一樣必須在市場機制下運作，但與一般企業的差異在於運行商業模式是由成員集體所有權與集體民主管理所構成，比起部分單純持有股權的員工所有權企業，工作者合作社被視爲經濟民主中民主實踐更加徹底的典型。因爲其共同所有制度已經擺脫以股權計算公司決策權利的多寡，而是徹底落實「一人一票」的核心管理制度。例如位於美國的民主工作研究所（Democracy at Work Institute）便主張，所有工作者合作社的二項共同特徵，一是在集體勞動參與的基礎上由工作者（worker）擁有企業，其次堅持一人一票原則使所有成員都有權出任與選舉董事會[20]。

20 參見Democracy at Work Institute官網，https://institute.coop/what-worker-cooperative。

無論從事純體力工作或是共同製造生產，工作者合作社的歷史發展始終維持在集體出資、生產與管理的共同形態，也就由「社員」（member）共同執行。在資本企業中，出資、管理及生產這三種身分，一向是被職務分工與階層制度所隔離，導致三者之間對利潤分配的永恆爭奪，但在工作者合作社中，這三種身分卻合而爲一，勞動生產者本身就是共同出資人，並以一人一票原則集體履行決策與營運職責，換言之，組織中只有社員這個單一身分，所有人共同勞力也集體勞心，別無其他特權階級，自然也再無分配爭議。而近年來愈燒愈熱的平台經濟爭議中，這種「集體企業家」的組織特質，反而在零散且孤立的自營作業領域，愈發突顯經濟民主的合作優勢。

基於民主管理及平等分配的工作者合作社，爲成員提供相互支持的力量與安全感，透過集體決策結構能夠產生民主資本，集體技能提升則有益於人力資本，而互惠互利則可爲成員累積社會資本，從而創造出一種具包容性格的文化資本。因此ＩＬＯ在「合作社與就業全球報告」（Cooperatives and Employment：A Global Report）中表明，「合作社的社會功能不只是提供更好的工作條件，更好的社會保障以及安全健康的工作場所，在危機時期的就業表現也有更顯著的抵禦能力」。而平等主義更爲濃厚的工作者合作社，更被視爲經濟民主企業的最佳典範，所以ＩＬＯ進一步呼籲，「當企業遭遇危機是走向拋棄式裁員、撤資關廠，由成員集體擁有並控制的合作社，則可借助集體之力共渡難關」。

眞正的涓滴經濟

一個好的商業模式不是創造天文數字績效。對於勞動者而言，穩定且足夠的生活才是關鍵，擁有一個足夠的收入與穩定就業機會，才能有尊嚴地生活。倘若，在一個企業之中，資本並非至高無上，是由勞動主導生產及利潤配置，這個以勞動者爲中心的生產組織即使也會逐利，但因爲扭轉了生產要素的從屬性，勞動的地位就全然不同。因此勞動者的聯合反抗，除了工會之外，還可藉由控制組織所有權奪回生產的主導權，集體互助推翻資本製造的貧窮勞動，因爲勞工不見得需要老闆，更不必由企業來決定與安排勞工應該如何生活。

就像美國現今最大的工作者合作社CHCA（Cooperative Home Care Associates）是二千二百名處於弱勢社經的拉丁與非裔中年女性，集體投入一向被視爲低薪產業的家庭照護服務工作。CHCA不以公司而是選擇合作社就是爲了免除資本的居中剝削。除了爲弱勢者提供專業照顧培訓，合作社更採取開放立場，所有受訓者只需購入一千美元的股權，就能擁有平等所有權與營運決策權。透過合作的自我保護機制，從一九八五成立至今幾乎年年維持合理利潤，二〇一五年營收更超過四千萬美元，擁有股權的成員除了獲得合理的勞動報酬，每年還可獲得股份的增值利潤，因此比起同業高達四至六成的超高流動率，合作社的成員不僅更高強度的尊嚴勞動，流動率也只有十五％[21]。

隨著勞工與出資者的身份結合，勞工以平等民主技術營運組織的過程中，也會產生共同責任，形成約束利己目的的互惠利他，共同生產則會凝聚對組織與彼此的忠誠、向心力進一步產生互信的溝通基礎，因爲合作原本就是人類存

21 Hilary Abell, "Worker cooperatives: Pathways to scale". Takoma Park: The Democracy Collaborative, 2014.

有的社會行爲之一。只不是近代機械與泰勒化生產的出現，由資本決定職缺與人力配置，直接奪走了勞動者相互合作的機會，逼迫勞動轉向競爭。就算現代生產機制保留了合作環節，但本質也不再是勞動者的互惠需求，而是資本控制分工體系的調節必要。

主張水漲船高，利潤會從資本滴向勞工的傳統涓滴經濟，已經失效。因爲資本擁有絕對權利之後，只會從勞動中掠奪更多利潤，阻礙經濟學所預期的涓滴效果。但是通過大幅提升經濟民主在企業的滲透率，可以爲勞動者生成更多財富收益及穩定的工作機會。而民主企業利益直接滴在勞動者身上的結果，會進一步充裕社區內部多數勞工及其家庭的集體消費能力，穩定就業也有利於社區經濟的穩定性，民主企業爲社區創造出更高更穩定的集體消費能力，自然會爲社區的總體經濟動能產生加乘效應，所以經濟民主企業滴到社區的綜合利益只會更多更快，形成豐沛又穩定的眞正涓滴效果。

用資本主義解決資本主義？

跨過二〇〇八年的金融海嘯，全球經濟步入漸進式復甦。儘管主要國家的失業率已經趨緩，但失業率下降並未替勞工帶來「均富」生活。低工資、不穩定工時，居住成本上升及福利削減的實質收入損失，卻有更多就業者流入貧困。何以勞工奮力掙扎擺脫失業，卻依舊無法逃脫貧困？平台經濟的崛起只怕得負起不小的責任。

多年前，應用程式的進步便利了多方之間的商品或服務交換，於是社會上掀起一股閒置資源再運用以促進資源共享的風氣，形成現今耳熟能詳的共享經濟（sharing economy）。但是，現今的共享經濟卻被前美國勞工部長羅柏瑞奇（Robert Reich）嚴厲批評爲「共享碎屑經濟」（share-the-scraps economy）[22]。瑞奇引用Uber模式，諷刺共享經濟的精確說法應該稱爲共享碎屑，因爲Uber迅速成爲產業龍頭，司機卻面對鉅額抽成、難以預測的工時及報酬低廉的困境，雖一度展開跨國串連罷工，提出生活工資、決策透明度、員工福利及參與決策等四項主張，但Uber仍以非受僱關係持續抗拒；所以他嚴厲批判只要資本主義大規模進駐共享經濟，就只爲平台創造巨額資金，從業者卻只能享受風險和不確定性。

Uber並非裹著共享之名將成本「外部化」的特例。以「居家體驗」聞名的Airbnb也以共享經濟發展租屋服務，表面上平台媒合讓觀光客入住相對廉價的家庭空間體驗在地性，出租者則獲得補充性收益，但是標舉「家庭共享」的Airbnb最後造成「家庭迫遷」。因爲當地居民賴以生活的租屋，被大量轉爲利益更高的日租旅舍，無力負擔只能遷離，也有住戶因無法忍受繁喧吵雜而搬離，導致社區內剩下一戶戶的旅居者[23]。共享式服務造成租金飆升的社區縉紳化，徹底改變原有生態，從中獲利的 Airbnb 一樣拒絕接受地方政府監管。

Uber 及 Airbnb 一向被當成創新與共享的代名詞，前者有效減少計程車在街上攬客的燃料及時間消耗，後者讓旅客擁有更經濟實惠的多元選擇。媒合技術的突破，讓關注資源效率化與公益性的共享文化成爲可能，但爲何美好承諾，最後卻全變了調？

---

22 Robert Reich, "The Share-The-Scraps Economy", Social Europe, 2015.02.03, https://www.socialeurope.eu/share-the-scraps-economy

23 香港01,〈Airbnb 炒高荷蘭樓價居民撤離　規劃師轉搞「Fairbnb」〉,2016.12.31。https://is.gd/ftD3O

以共享之名的平台資本主義

共享經濟的原意是藉由大規模媒合與交換，解決社會資源過剩的問題。事實上，促進資源分享或共享並非現代創舉，早期農村的相互幫工或鄰居互借柴米油鹽，贈送農作的無償或互惠模式，已經具備著資源流通的效率。現今的共享經濟則是原始行爲的基礎之上附加了「交易」，也就是保留所有權只提供使用權的移轉並收取利益，如此一來幾乎所有租賃行爲，像包租公、爲收費會員供器材的健身房，都可冠上共享經濟之名。然而，單純提供使用權移轉的交易，只能建構起短暫的契約關係，無法產生穩定的互惠關係，因爲決定規則的權力是握在平台所有權人、也就是股東的手中；所以在Uber及Airbnb的運作中，司機與乘客、房東與觀光客充其量只是在交易中相互擇選的參與者，並非實質的決定者，平台經濟也只是共享經濟的資本主義版本。

任何的善意只要被嵌進資本主義，必定會製造出新的爭端。以Uber爲例，熟悉脈絡者均知早年爲降低碳排及能源消耗逐漸發展出城市內的共乘運動。這種分享與分擔剩餘物資（空置的座位）及費用（油資）作爲對應氣候變遷的創新行爲，逐漸形成以社會利益爲使命的共享經濟（shareing economy）。爲快速媒合身在不同角落的居民快速且便利參與共乘，遂出現數據媒合的共乘程式，於是Uber的市場立基「有車者可賺取外快，消費者也減少費用負擔」也隨之出現。直到風險資金嗅到這股新興商業模式的潛在價值，大舉投入各類型平台追求快速獲利，共享經濟也隨著變調並變質爲平台資本主義（Platform Capitalism），不僅模糊創新的原初目的，更製造出新的社會問題與矛盾。

Uber以優越的應用程式媒合乘客和司機的乘車服務而成爲產業龍頭，卻創造出一群介於受雇和自營職業之間的灰色勞動者，數十萬Uber司機被定位成個人租賃而非受雇員工，Uber只是乘客與租賃車的媒合平台而已。但諸多研究資料指出扣除成本費用後平均時薪僅九美元，只比美國聯邦最低工資高出一些，許多相信自由工作美夢投身成爲專職者，如今大夢初醒卻已背負不少債務，甚至自殺，但Uber前執行長Travis Kalanick卻安穩的坐擁四十八億美元資產。

Uber的出現，適時填補長期薪資停滯之下，勞工對額外收入的渴望。但轉向商品化後，從業者全數投入額外工作時間並自我承擔風險的影響，包括家庭生活、健康及人際關係的損害卻逐一浮現。即便參與者必須接受共享平台的管制與規範，但新型態平台將工作關係轉化爲個人委任，直接撼動傳統勞動關係，並且挾著資本優勢動員一切遊說資源，力圖排除法規適用。然而司機表面上是自營者，按理應該擁有更高的自主性與更靈活的自我工作調度，實際上平台藉由評點制度進行組織控制，再加上有勞才有得的屬性，使得從業者必須支付更多工時才能湊合著生活，這種製造大量不穩定就業卻被過度溢美的自由工作，非但無法讓人掙脫勞動得到自由，甚至將人推入貧窮陷阱。可見，只要被資本主義入侵，就算名爲共享經濟，也會基於獲利與節約成本，改變原本的社會使命，導致共享的原初精神隨之變調。

時代進步少不了創新，平台經濟挾著數據技術與自由工作也視爲創新典範，可見創新二字因爲太過於政治正確，總讓社會忘卻創新也有社會風險。而全球湧現的平台持續將自營作業人口推向歷史高峰，根據美國自由工作者聯盟（Freelancers Union）研究統計[24]，二〇一七年全美有多達五千七百三十萬名自由工作者，已占全體勞工的三十六％，十年後將超過總受僱工作人口；在英國則是盛行「零工經濟」（Gig Economy），企業同樣利用有出勤才有收入的零工

24 更多美國自由工作者相關調查結果與分析，請參見，https://www.upwork.com/press/releases/freelancing-in-america-2019。

時契約大量導入兼職工或租賃模式，力求降低成本，使得平台經濟幾乎成爲工作貧窮的同義詞。

平台獨裁經濟的解毒劑

資本透過主宰所有權，排除其他參與者碰觸規則的機會，創造出極權資本主義。可見，要想突破資本主義對共享經濟的宰制，只能把侷限在使用權的共享精神擴及至所有權，使經濟活動的參與者獲得決定與發聲的權力，從而產生經濟民主。密切關注平台發展的ＩＬＯ在《爲美好未來而工作》（Work for a brighter future）報告中主張，實現技術的潛力與降低失業及資本對勞動力支配威脅，是可以並行不悖，關鍵在於推動集體所有制和民主治理模式。ＩＬＯ認爲可以透過合作社強化平台經濟中工人的聲音和代表性，例如由自由工作者共同組織成合作社，就能夠爲工人及市場提供有尊嚴的需求服務。所以，伴隨著平台經濟所衍生的爭議，被視爲解決方案的平台合作社也相運而生。

例如對應強大的Uber，二〇一四年美國丹佛市就成立一家結合數據技術與平等合作的「綠色計程車合作社」（Green Taxi Cooperative），由八百多名社經地位相對弱勢的司機所組成，約占丹佛市出租車司機三分之一，至今已是僅次於ＣＨＣＡ的全美第二大工作者合作社。綠色計程車憑藉優秀的數據服務、在地優勢與民主性格，接連與丹佛市的企業簽議租賃契約，順利突破Uber和Lyft的市場優勢，一舉奪下當地五七％的市占率，證明成員共同控制數據程序行使所有權的市場可行性，這種成功模式也引起示範性效益，費城、波士頓、巴爾的摩、紐約和舊金山也陸續複製相同的平台合作社。

經過多年的實踐基礎，平台合作社不只出現在運輸產業，面對Airbnb對社區的危害，二〇一六年一群歐洲市民開始思索兼具共享與平權的替代方案，於是二〇一八年從義大利威尼斯到荷蘭的阿姆斯特丹等歐洲八個城市都出現了「Fairbnb.coop」[25]，以促進社區利益而非剝削爲組織核心，並確立集體所有權、民主治理與社會永續的三重底線。Fairbnb運用類似Airbnb的媒合平台，儘管也收取十五%的費用，但組織權力並非是由資本透過控制平台完全壟斷，而是由社區居民、出租者、程式工程師共同決定，因此收益的運用也與一般租屋平台明顯不同，Fairbnb保留半數維持平台運營，另一半則全數資助當地社區發展項目，不僅徹底改變以鄰爲壑的平台經濟面貌，使社區有機會從平台及技術獲得支持，產生更大的社會包容性，也爲屋主、旅客及社區三方提供公平與永續的協作旅遊模式；另一個結合平台技術的清潔合作社Brightly.coop，則是創造出以勞動者爲優先的共享模式，因爲三千名清潔工不只是平台的使用者，更是平台的擁有者[26]。

結合數據創新及合作化的平台合作社，對應平台經濟「不透明、不民主、外部性」三大爭議而成爲資本主義的解毒劑。平台經濟中資本完全壟斷技術及利益的控制權力，並將貧窮外部化由社會承擔；在平台合作社中，全體勞務提供者即爲組織控制者，必定得在資訊透明、民主管理及平等分配中共同運作平台，所以就算是零散弱勢的個體，藉由集體合作照樣能夠收回平台控制權與克服市場競爭，具體實踐經濟民主。如今，台灣街頭同樣充斥著送餐平台的小綿羊隊伍，同樣面臨毫無保障的工作貧窮處境，面對不斷製造出弱勢工作者的平台商業，如何藉由經濟民主反轉平台的顯性剝削，也成爲社會必須面對的一項

---

25 更多詳細資料可參考 Fairbnb 官網，https://fairbnb.coop/about-us/

26 劉致昕，〈三千名清潔女工重新定義「共享經濟」〉，g0vnews，2018.07.10，https://g0v.news g0v.news/三千名清潔女工重新定義-共享經濟-742776a3157f

重要課題。

員工所有權作爲危機的解方

透過自我組織的平台合作社共同因應平台商業，可以看出勞動合作具有因應職場快速變遷所需要的彈性與既性。從另一件大事也可以看出勞動合作的優勢。二〇二〇年疫情的突襲，全球失業人數大增，其中美國的就業市場更是受創甚深，五月份勞工部公布的非農業就業人口失業率攀升至十四．七％，全美國超過二千萬人失業，而被形容爲「戰後之最」。

美國政府雖然快速對家戶提供紓困金，失業者每周也可以領取六百美金給付，但是當雇主不斷解僱員工造成請領率飆升，也種下另一波債務危機。即使聯邦政府調動龐大資金應戰，但全國已有六個州的失業保險基金，只剩下不到十周的支付能力。其中最爲嚴重的加州，失業基金早在二〇〇八年大蕭條中一度破產，最後勉強依靠聯邦借貸才能支應，以至積欠近八十億美元債務。根據估算，若失業人口再度增加，加州失業保險基金將再度面臨破產，想依靠失業給付及有限的紓困金撐過災難，對美國的就業市場無異是飲鴆止渴。

此時，長期推動員工所有權方案的美國ＩＣＡ集團（ICA Group）公開發表一份危機應對聲明，主張「基於有意義並迅速採取行動挽救工作及企業，員工的所有權必須是經濟應對措施的核心」[27]。何以員工所有權被當成是回應危

---

27 ICA Group, "Employee Ownership - A Necessary Addition to the Coronavirus Economic Response", https://icagroup.org/resources/

機的解方之一？ICA在聲明中認爲，根據過去經濟衝擊的教訓，表面上最後是依靠市場自我修復，實際上卻仍舊走回新自由主義的老路，所以除了紓困搶救企業，該組織呼籲美國政府應該將員工所有權納入對應措施，協助企業重整並且挽救就業機會。

ICA的理由著重在於小型企業不只提供多元就業，對於維持社區健康機能至關重要，但是每一波蕭條造成工作機會的變動，卻對社區帶來不利衝擊。根據統計，二〇〇八年大蕭條期間，小型製造廠和專業服務大量消失，直接造成銷售、行政和技術人力等流失，這些中間技術及中等收入就業在蕭條期間就消失六十％，但後期復甦卻只重建二十二％，隨之而來的是低薪工作大幅增加。低工資職種在同一時間流失二十一％，但復甦期間新增的就業職缺反而高達五十八％。顯示原本的技術人力失去相稱的就業機會，只能大量流向低薪就業，進一步推升不平等的擴大。

ＩＣＡ推估，目前受疫情衝擊的產業多爲餐飲、零售等傳統低薪的服務產業，一旦衝擊擴大或蕭條延長超過一年，下一波受害者將是提供中間技術就業的企業。但前一波經驗已經顯示，後疫情時期低薪工作容易恢復，中等技能工作卻可能就此流失，不是失業就是被低薪工作所替代，製造出更多工作貧窮者，都是對員工極度不利的發展情境；同樣的，依賴中間就業機會的社區，也會因爲關廠歇業而喪失就業及生活供給，等著被拖入更加嚴重的蕭條泥淖。因此該組織強烈建議美國政府，應該增強所有權由雇主向員工轉移，讓員工有更多機會保住工作。

被遺誤的不平等解方

無法抵禦資本獨裁的共享經濟，只會挾著創新的優勢與名氣加速勞動市場、社區經濟以及法規的脆弱化，不可能產生平等關係。若想實踐真正的團結互利，就必須在去除資本霸權的環境中產生經濟行動。所以經濟民主不僅是面對平台危機的集體回應，透過分配正義替資本除魅，也讓社會有機會重新控制經濟。早在二〇〇二年，ＩＬＯ在《一九三號促進合作社建議書》中，已經呼籲各國應對企業打算關閉時，「協助並參與建立新的合作社，以創造或維持就業」。不論基礎理論、學術研究，乃至各產業、市場或地域的實踐範例，一再證明改變所有權的方式會產生出明顯更好的正向分配結果，改變經濟不平等與勞動貧窮。經濟民主企業也能夠在重建互惠關係與社會團結經濟的使命中，與資本主義展開直接的市場競爭。

共同所有權的變革是弱化資本主義與改變市場競爭行爲的契機。但是，它終究無法在眞空中形成。由工人自組經濟民主企業，或者在經營危機時轉由員工接管，這些國際普遍採用的共同所有權形態，在當前的台灣社會，經濟民主理念的實踐幾乎看不見，社會還是被圍困在自由市場與國家干預的喧囂辯證之中，也不知道經濟民主的存在。當各產業一再面對企業關廠歇業、失業危機以及貧窮風險，卻沒有任何一項對應政策曾經思考過由勞動僱用資本的可能性，更別說以經濟民主的推動社會團結經濟的大局思維。

於是我們的社會只能一再的錯失重構分散式所有權，以民主實踐經濟平等與分配正義的轉型契機，也錯過建立一套有效抵禦系統性經濟風險的韌性社會，只能在反覆來襲的系統性風險與危機中，持續的失望與無奈。

第三章
台灣經濟民主的顚簸

張烽益

台灣有沒有「經濟民主」的發展經驗？答案是有的，不過很可惜都沒有成功，不管是勞工被迫自主營運長達五年的新竹玻璃，還是國公營事業民營化中讓員工自主經營的中興紙業與國光客運，都是歷史上的曇花一現。而八零年代科學園區實施分紅配股，也在分紅費用化的會計準則實施之後，幾乎消失匿跡。至於目前持續仍有企業執行的員工持股信託方案，則是淪爲資方鞏固股權的籌碼。

即使現今的公司法也爲企業自願向員工分享股份提供許多途徑，但因爲碰撞到台灣家族企業這座大山而止步，空有法令而少有成果。只有少數所有權屬於全民的國公營事業，必須依法施行勞工董事的推派，相形之下民間企業仍難以推動。要想眞正達成共享利潤、共治經營的經濟民主，台灣顯然還有很長的道路要走。

新竹玻璃勞工自主營運

在台灣產業的變遷歷程中，許多曾經光輝過的企業隨著關廠倒閉，只剩下一頁歷史，但數以萬計勞工在這段血淚歷史中，卻成爲無聲的犧牲品。難道勞工只有默默被動接受迫害，不曾有過取代資方成爲經營者的念頭嗎？事實上，台灣也曾出現不少勞工從受僱者變成資本擁有者、進而自主經營管理的案例，例如三十多年前的新竹玻璃員工就曾在公司倒閉後，由員工自行接管經營長達五年的經驗。

新竹市周圍的地層當中蘊藏豐富矽砂與天然氣，這兩個元素的結合，成就了玻璃工業的出現。從日治時期開始，日本人就利用取之不竭的天然氣，用來燒治矽砂加工製造成工業儀器、醫療器材與日常生活用品等等玻璃製品，一九三九年總督府成立了規模兩百多人的「臺灣高級硝子株式會社」，成爲後續新竹玻璃產業發展開枝散葉的原動力。二戰後，新竹的玻璃產業更加蓬勃發展，轉向燈泡、玻璃小飾品的消費民生產品與藝術飾品，大量外銷歐美的訂單蜂擁而至，數百家玻璃工廠林立，一九七〇年代，甚至提供了新竹市三分之一的工作機會。

新竹玻璃員工至行政院陳情

新竹玻璃公司成立於一九五四年，是台灣當時產量最大的玻璃廠，主要生產平板玻璃，年產量達二十萬箱，平板玻璃是玻璃產業上游原料，提供給下游加工廠商家工製造出各類消費產品。不過，新竹玻璃最早的起源，可以追溯到一九四七年位於上海，由政府營運的耀華玻璃廠，其向美國訂購了一批生產平板玻璃的機械設備，一九四九年國民政府來台時，該廠設備也隨之搬運到台灣，成立了新竹玻璃，由甫卸下台灣省政府建設廳廳長的陳尚文，擔任董事長。新竹玻璃成立之初是公營企業，一直到一九七八年，政府將其民營化，結果新光集團的吳火獅與黨政關係深厚的任和鈞[1]，爭奪新玻的經營權，最後由任和鈞出線擔任董事長。

一九八五年七月，新竹玻璃公司因股票下跌，董事長挪用公款虧空，導致營運周轉困難，無法購買燃料油來維持生產運作。不料此時任和鈞卻挾帶公司現金共近一．八億元，與妻女潛逃美國，從此終老在美國。留下的總經理原本想宣布破產關廠，後來與在地的苗栗、竹東廠廠長與營運經理、工會代表協商之後，決定維持自主經營。

於是每位員工出資十萬元並向下游經銷商緊急借貸，作爲周轉資金來購

1 其父親任顯祥曾任台灣省政府財政廳長、台灣銀行董事長，其母親為國劇名伶顧正秋。

新竹玻璃員工自主營運開工典禮

買燃料油，解決生產運作的燃眉之急，讓工廠可持續營運出貨，等出貨銷售後再還款給經銷商。同年十一月，員工到行政院與總公司抗議，後經立委周清玉與省政府社會處長趙守博的協調下，於十二月由勞方選出二十五名代表組成「臨時管理委員會」負責公司營運，並推舉苗栗廠廠長彭如春擔任委員會主委，新竹玻璃才又逐漸恢復營運，並且轉虧爲盈。

聯貸一億五千萬元
新竹玻璃起死回生
並將促經營權移轉給董事會

【台北訊】財政部日前邀集九家新竹玻璃的債權銀行開會，協調銀行聯貸一億五千萬元給新玻，以協助新玻經營正常化，並促使新玻經營權能順利由員工臨時管理委員會移轉給董事會。

民國七十四年，新玻公司董事長任和鈞捲款逃到國外，公司財務週轉困難，且使員工在公司的存款、退休金等權益受損。同年十二月，在省社會處協調下，成立員工臨時管理委員會，掌管公司經營權。

去年，新玻獲法院裁定重整，到今年五月到期。新玻董事會於是全力籌募資金，希望能依公司法收回經營權。其間數度發生勞資糾紛。

財政部官員說，新玻董事會擬定籌措三億元資金，以便促使公司經營恢復正常，並收回經營權。其中半數資金由董事會自籌，另半數一億五千萬元由台灣銀行等九家債權銀行聯貸。

債權銀行曾對新玻作過評估，認為其抵押品價值超過銀行貸款總額，且玻璃業具發展前景，同意聯貸。問題是，新玻董事會與員工臨管會衝突未化解，臨管會掌握帳冊，董事會無法將公司財務報表送會計師簽證，申請聯貸手續不全。

財政部針對此點，協調債權銀行同意，先撥聯貸款，新玻後補簽證的財務報表。

1987.09.20 聯合報 桃竹苗綜合版7版

由員工自行籌組的「臨時管理委員會」，取得上下游廠商的諒解與貨款資金上的融通，再加上新竹在地的廠長與管理幹部與員工上下一心，使得新竹玻璃順利上路持續營運，員工也可以繼續領取薪資，不過，這也讓擁有股權的其他大股東眼紅，開始透過法律戰逼使員工交出經營權。一九八六年六月，大股東透過地方法院裁決重整要求臨管會交出經營權未果後，十月地檢署會同調查局查扣借款給員工的經銷商帳冊，並以背信的名義羈押臨管會主委彭如春十四天之後准予交保，企圖逼使彭如春交出經營權，不過員工團結一心之下並未得逞，彭如春後來在一九八八年高等法院無罪判決確定，並於一九九〇年獲得冤獄賠償四千二百元。在員工團結相挺之下，臨管會一直掌握經營權持續穩定營運。直到一九九〇年七月，才在資方承諾保障勞工權益，分期償還員工存款、積欠薪資與復工資金後，將經營權交還給資方，創下勞工自主管理營運達五年的紀錄，也締造了台灣工運史上前所未見的創舉。

從新竹玻璃勞工自主營運五年的經驗可以看出，勞工是具備自主管理經營能力，最欠缺的其實只是週轉的資金來源，新竹玻璃員工當時除了向下游廠商借貸之外，其實每個勞工也都有出資十萬元來作為營運基金，突顯員工對公司的向心力與信心。不過，勞工終究沒有更大的資金援助買下新竹玻璃的股權，當然當時政府在政策上，也沒有獎勵或協助員工出資購買下資方不願經營的事業，最終，員工只能默默交出經營權，資方在拿回經營權之後不久，就關廠賣土地變現了結，苗栗廠土地賣給慈濟功德會，竹東廠土地則在變更地目後，賣給建商蓋大樓[2]，最終，新竹玻璃員工的五年自主營運，只能留下一個美麗的歷史記錄。

中興紙業員工九成認股後成空

台灣在二〇〇〇年大舉推動民營化之際，曾經有機會創造更多的經濟民主範例，「中興紙業」與「台灣汽車客運」這兩家公營事業即是其中代表。不過，這個早熟的機會由於缺乏政策制度的配合與員工心態的重建啓蒙，導致這兩家公營事業短暫地由員工所共同擁有九成以上股權，不久後又再度被市場的

2 何來美，《臺灣客家風雲記錄》，聯經出版，2017.2，p244。

中興紙業民營化作業開動

省府擬妥股票標售要點 將釋出股數1.18億股 每股約15元

（記者宋健生／中興新村）

台灣省政府已擬妥中興紙業股票公開標售要點，預計標售股數1.18億餘股，每股股價約15元，預計今年底前公告標售，中興紙業總經理林德山說，若公告六個月內無法順利標售，將改洽特定對象讓售。

凍省已成定局，省屬四大公司中興紙業、高雄硫酸錏、農工企業及唐榮鐵工廠，推動民營化腳步跟著加快，包括高硫、中興及農工，都將趕在明年底凍省前完成民營，唐榮最慢也可在88年底搭上追班民營列車。

省議會稍早已通過高硫、農工及唐榮三家公司股票承銷要點，如今省府又完成中興紙業股票公開標售要點的研訂，正式啟動整個民營化的作業。

四家公司民營化的方式，除了中興採股權公開標售外，其餘高硫、農工及唐榮，均採股票上櫃方式辦理；民營化時程，以高硫87年4月最早，中興及農工為87年底，唐榮則在88年底。

國內唯一生產新聞紙的中興紙業，最近完成股權估價作業，預計標售股權數1.18億餘股，占已發行股份的45%，如加上員工優先認購的8%，比率將達53%。

林德山指出，目前公司資本額為26.2億元，總資產約110億元，負債52億元。其中，約40公頃的工業區土地，經重新鑑價結果，土地公告現值達73億元。

將來中興紙業民營化後，可以預見的是，買主一定會朝土地開發方面發展，只是在變更土地使用分區時，林德山希望製紙本業仍能維持一定的生產規模，不要「忘本」。

1997.08.19 經濟日報17版

力量收購併吞。

二戰後國民黨政府承接日治時期的台灣紙漿株式會社等五家紙廠成立台灣紙業，一九五八年台紙被分割，其中宜蘭羅東廠與林田山林場合併成爲唯一公股隸屬省政府的中興紙業。中興紙業表面上要保留林田山林場以維持紙漿原料來源，事實上是要壟斷台灣的言論自由。在沒有網路的時代，具有快速大量印刷的新聞用紙均由國家壟斷，這是國民黨從日本統治以來，一脈相承地要自力造紙生產，並管控新聞與文化用紙的決心，而中興紙業就是上述歷經日治與國民黨威權統治時國家管控言論決心的產物。

不過，在政府以降低新聞紙進口關稅來扶持中時、聯合等各報社後，中興紙業無法爭取到穩定長期訂單，連年的鉅額虧損，省政府在一九九二年就開始規劃民營化，二〇〇〇年經濟部國營會規劃財團接手，當時有想專注土地開發的宜蘭在地企業三興建設，以及希望透過收購擴大市佔率的正隆紙業都有意接手，最後因爲中興財務缺口太大而放棄。

二〇〇〇年，臺灣首度政黨輪替，經濟部在政府的民營化時限之內必須達成業績目標，因此選定規模比較小、無涉公共利益且長期虧損的中興紙業作爲民營化標的。二〇〇一年十月，爲了順利達成民營化，空降官派才幾個月的董事長沈明鋒，身先士卒把自己根據民營化補償條例所領到的退職金五百萬投入，再加上自己的資金，沈明鋒個人一共出資一千萬，以拋磚引玉的方式，說服員工也出資共同成立興中紙業。此舉果然奏效，留任的三〇四名員工每人平均出資三十萬元集資九千萬元，合計資本額一億元，高達九成股份由原來員工持有的興中紙業就這樣誕生了。這是台灣首度由原有勞工集體購買企業股份，完全擁有並接管企業，使得興中紙業成為「勞工自有企業」的歷史創舉。

興中紙業誕生後，以約五百萬元承接原有機械設備等資產，並向政府承租

中興紙業民營化 董事長求助縣長

強調需要台銀擔保廿億票券 盼劉守成出面協助

【記者吳敏顯／宜蘭報導】營運陷入困境的中興紙業公司董事長沈明鋒，昨天拜會宜蘭縣長劉守成，強調中興不會關廠，目前朝向民營化的努力只差臨門一腳，只要台灣銀行能協助處理二十億元票券就沒問題，所以請縣長多多幫忙，出面協助。

劉縣長表示，他曾為中興紙業公司轉型存續等問題，向行政院長張俊雄、副院長賴英照報告，也到經濟部、經建會拜會，甚至連陳水扁總統都知道情況。賴副院長曾告訴他，需要台銀協助的部分，台銀看法保守，政府會設法協商，縣府也願意安排協商。

沈董事長及主秘林進興說明，中興紙業公司民營化是既定政策，由三興建設公司接手時間越快越好，目前雖負債六十億元，但土地及廠房等資產現值七十五億元，只要工廠繼續營運，造紙產業並未萎縮，國內報紙供應只佔百分之二十，市場空間很大，重新出發仍大有可為。而六十億元債務當中，有二十億票券，轉民營化時若無銀行擔保，可能隨時會被抽走，因此必須請台銀幫忙，台銀對中興公司土地等資產估價卻偏低，使轉型只差臨門一腳，縣長的影響力大，希望縣長能出面協助。

劉縣長表示，中興公司土地位於宜蘭市和羅東鎮之間，地點非常好，如果土地釋出做高科技園區，對地方、公司將是三贏，縣府會安排再與台銀洽商，請台銀查估時能考慮到宜蘭未來的發展方向。

沈董事長說，公司員工都能共體時艱，去年十月起暫領半薪，其中十月及十一月已另行補足。相信只要早日完成民營化，就能夠繼續發展，不會關廠。

2001.02.08 聯合報 宜蘭新聞17版

原來廠區四五%土地約十三公頃，而原先所累積五八億的債務虧損，還有每年三．五億元的銀行利息則由政府承擔債務沖銷，留任下來的三〇四名員工則在月薪統一打七七折後開始自主經營。在卸下過去政府要求的新聞用紙政策負擔後，興中紙業轉向經營高價值、高品質的禮品包裝紙市場。由員工占有絕對股份的興中紙業，如果能持續經營，必然會成爲台灣經濟民主發展史上的重要案例，但好景不常，財團的貪婪嗅覺是敏銳的，興中紙業在二〇一五年以前，董事長一直都是當時民營化前的管理部經理林明志擔任，一直到了二〇一六年董事長轉換成丞翔投資，隨即於隔年改成宜蘭冬山在地企業宜聯鋼鐵的董事長王信豐，與另一位宜聯鋼鐵法人代表出任的董事藍淑英，且增資到五億元，宜聯鋼鐵掌握了超過九成的股份，等於興中紙業至此完全由宜聯鋼鐵所掌控，由既有員工認股承接的經濟民主徹底消失。

興中紙業寶貴的經濟民主運作經驗，只存在十一年，就被市場力量所吞噬。我們無法得知，宜聯鋼鐵是以每股多少的價格，向興中紙業員工收購其手上的持股，政府也對於此事不聞不問，毫不在意，可能認爲興中紙業既然已經民營化成爲一私人企業，就依照市場機制自由買賣。不過，目前興中紙業依然承租國有土地，且當時民營化時，能夠以特別優惠的價格承接資產與承租土地，就是認爲興中紙業是由既有員工承接九成股權，在民營化過程當中當然有特別的政策考量，如今，興中紙業已經被財團掌控，員工已經從原來的實際工作者兼任股權擁有者的雙重身分，變成單純領取薪資的受僱者。

台汽客運的員工認股

在前述中興紙業二〇〇一年民營化的同一年，另外一家由省政府經營的台灣汽車客運，也因爲累積虧損達四百億元，而被交通部要求在當年六月底期限內完成民營化。

台汽客運的前身是一九四六年成立的台灣省政府公路局，一九八〇年改組成爲台灣汽車客運公司，依然維持是台灣省政府之下的事業單位，最高峰時期員工高達一萬多人。一九九八年省政府虛級化後，改爲隸屬於交通部的國營事業，一直到二〇〇〇年準備民營化前員工只剩下三千多人，面臨強行民營化，剩下員工已有三分之二選擇退休或離職，只有約一千人選擇留任到民營化後的新公司繼續工作。

台汽民營化 擬由員工集資組公司

資本額暫定十億 四成六員工願出資 每人卅萬元 如計畫成功 將成公營事業民營化新典範

1999.09.19 聯合報 6版

由於台汽在各縣市市區有很多場站土地，因此民營化時，採取車輛路線與站體分離的方式，在七月一日凌晨，其車輛與路線經營部分全部移轉到百分之百由員工出資認股成立的公司承接營運。也就是由當時留任的一千多名員工，每人出資三十萬，籌集約三億元共同成立的國光客運。

這些出資留任的員工，在二〇〇一年民營化之後，到底過著怎樣的工作條件？根據洪家寧在二〇〇四年的訪談記錄[3]中發現，留任員工每人的月薪都是被打六折之後才繼續留任工作，而且其管理方式有很大變化，例如出現塞車時間不算加班工時的苛扣薪資手段，零件更換的維修率也從使用年限一到就更換，變

台汽員工夜宿勞委會 要求暫緩民營化未果
昨向勞委會及總統府九人小組陳情 並要求勞委會協助追討積欠工資
葉菊蘭：民營化所需資金有著落
53億元聯貸資金 銀行團可望通過

2001.05.16 聯合報 21版

成等到損壞出現才更換。另外訪談中也提到，當時已經有很多管理幹部在召開股東大會之前，半脅迫的要求員工交出股條，並傳出用一、二萬元收購股條。留任員工當時花了三十萬元集資認股，很多人認爲是「被趕鴨子上架」，很多人是百般不願意之下，爲了保住一份工作，只好自掏腰包「買一份工作」。所以，台汽員工普遍把出資三十萬當成確保未來工作權的保證金，而非集體持有企業的控制籌碼。

3 洪家寧，〈美麗謊言，不只中船－台汽民營化的神話〉，苦勞網，2004.5.3。

被迫出資的結果，導致原由員工持有的國光客運出現外來財團蒐購股權後，得以在極短的時間內順利的吞食國光客運。在這過程，除了收購員工持股，加上財團資金進駐，國光客運從三億增資到十億元，僅七年的時間，原本員工百分之百擁有控制公司的狀態，變成財團完全控制主導。二〇〇八年，三圓建設董事長陳浴生與總經理王光祥及東森房屋董事長王應傑三人掌握了九成持股，正式入主國光客運，成爲最大股東。目前的國光客運已是由韓國大宇商用車投資的「成運汽車製造公司」、「三圓建設」、「北橋建設」（董事長爲王應傑）等三大股東經營，因此目前國光客運完全採用大股東韓國大宇汽車的車輛來行駛。

從上述中興紙業與台汽客運的案例不難發現相似的民營化過程，都是政治由上而下、限期移轉所有權。主管機關爲了達到政治目的，又深怕召來圖利財團之嫌，因此轉向員工接管。爲了快速完成民營化，兩個公營事業是由留任員工百分之百認股，但過去累積虧損完全由國家負擔，相當於員工成立的新公司得以擺脫過去的虧損，以優惠價格承接生產工具，並且縮小規模重新出發。

然而台汽與中興紙業的員工對於集體共管公司，其實毫無心理準備。從只是一名領薪水的準公務員，在短時間內要共同承擔經營風險，身兼持股者與勞動者，根本是緣木求魚，以致財團展開收購股權掌控全局時，根本難以抵抗。

早熟、毫無準備之下的挫敗

不論是自力救濟或是國家民營化的推波助瀾，這些企業隨著民營化過程，由員工自力認股擁有民營化後的新公司，雖然一度出現經濟民主化的轉機，但最終仍從勞動控制轉變成資本控制，員工也從所有權人退回受僱的勞動者。員工短暫控制企業的結果最終仍被市場上的商業資本所吞噬，以致經濟民主只是曇花一現。然而這並不能片面解釋成勞工不可能經營好一家公司，只有資本才有資格。

畢竟新竹玻璃的勞工在資金困窘，國家又毫無援助的不利條件下，卻能獨立營運長達五年，不僅上下游廠商信任支持的供給原料或購買成品，使得出貨進料銷售順暢無誤，足以證明勞工擁有自主經營管理企業的能力。之所以無法撐過去，主因在於受制於當時的時空環境。雖然董事長捲款出逃，但公司體質還算健全，而且還有大量土地資產，因此大股東基於土地利益，根本無意將經營權利讓予員工，甚至還透過控告侵占進行司法戰術，恫嚇勞工退出廠區。再加上法律上也沒有爲經營不善的企業，提供強制或鼓勵股權讓售勞工的空間，以致竹玻的勞工無法從一開始的自力救濟進一步產生出購併公司股權的意念。

相對之下，中興紙業與台汽客運這兩家歷史悠久的公營事業，則是被政治力趕鴨子上架在期限內完成民營化，原來該公營事業內的員工，很多必須參加考試才能進入任職，而且早年進入公營事業工作就是希望能有穩定的職業生涯發展，因此，能持續穩定工作領取薪資到退休，自然是最大的工作動力。當民營化的壓力突然到來，資深員工選擇領取補償金優退，較資淺者自然希望能夠保留工作，只好被迫承接公司股份，當出資成為「買工錢」，只要面臨收購就會選擇出脫股權安全下莊。顯示政策一心只想快速推動民營化而借用員工接管模式，必然會因為員工缺乏由下而上的堅強經營共識而失敗。

就制度來看，中興與台汽兩家公營事業在民營化過程當中，適用「公營事業民營化移轉條例」第十二條規定：「公營事業移轉民營出售股份時，保留一定額度之股份，供該事業之從業人員優惠優先認購。」之相關的規定認購股份。而根據各部會制定其下所屬事業的相關「移轉民營從業人員優惠優先認購股份辦法」當中，民營化前的員工具有優先承購，不用抽籤、價格打折，長期持有一定期間後可用面額再認購一定比例股份等等優惠措施。不過這些都僅僅侷限在民營化前，一旦政府釋股超過一半後，就完全置之不理。

另一個只差臨門一腳的案例即是中鋼。中鋼在一九九七年完成民營化，政府持股降至五〇%以下，員工認購股份四%，當時中鋼工會就積極想參與產業民主，但都功敗垂成，雖然政府後續不斷釋股，但是中鋼員工已經沒有優先承購的空間，中鋼工會曾主張民營化移轉條例修法，對於國營單位民營化，也應該建構後續規範，使留任員工更有保障[4]。然而國家終始將民營化單位視爲一般私營公司，置之不理，也導致後續在二〇〇一年中興紙業與台汽客運民營化的惡果與亂象，原本屬於國家控制的土地資產，最終也淪爲財團的囊中物。因此政策必須思考如何讓屬於全民的公營事業，一旦啓動民營化時，也能夠讓所屬員工認購股權當主人，並且在政府減少持股後，建立起一個讓員工共有共治的輔導轉換期，如此，全民資產才不會淪爲財團眼中禁臠，而員工成爲犧牲品。

風靡一時的「員工分紅配股」

一九八〇年代科學園區半導體產業，在風起雲湧時所採取的「員工分紅配股」，是社會大眾比較熟悉的員工持股概念。當時半導體產業在企業有盈餘時，大多不直接發放現金而是配發股票。根據主計總處二〇〇六年的調查報告

4 台灣勞工陣線，《新國有政策——台灣民營化政策總批判》，商周出版，1999，p104。

顯示，一九九五年至二〇〇四年分派員工紅利的上市、櫃公司家數由五一九家增至八四一家，金額由一百一十一億元增至四六六億元，增加四．二倍；其中發放股票紅利家數由九七家增至四六五家，若依面值十元計算，由五三億元增至二四七億元，增加四．七倍。

「分紅配股」理應是員工持有股票，然後努力工作共同促使公司獲利節節高升，畢竟股價水漲船高，員工手中持有的股票也增值，就會產生更高的工作動力及留任意願。對企業主而言，員工持有公司股票可以分享到利潤，既可增進員工的向心力，也會更加賣力工作貢獻所長，使企業營運更具競爭力。所以，分紅配股理論上是留住員工加上勞資同心共享利潤的雙贏策略，有助於促成勞資雙贏的正向循環，也是一種促進勞資和諧的手段。但台灣的施行結果卻反其道而行，高科技產業的企業主也無意將公司所有權分享勞工，與勞工共治共享。

配合產業生態來看，科學園區內的半導體相關產業的工程師，成爲人人稱羨的高薪科技新貴的過程，幾乎是用「新鮮的肝」所換得。長期日夜顚倒的輪班，再加上高強度的超時勞動，使得分紅配股幾乎變成一種職災補償。但多數面臨爆肝的員工還是會苦撐到股票入手之後才離職。這是因爲台灣長期只對證券交易課徵交易稅而非所得稅，當時的分紅配股也依照票面值而非實價計算課稅，員工只要在年度無償取得分紅配股，可以立即拿到市場變賣，獲取的價差不會計入薪資所得，因而成爲一種實質的高薪報酬，以至於當時科學園區的員工看重分紅配股的程度遠高於薪水，許多年輕工程師也是看上配股量及股價，拼命擠破頭的想進入科學園區就業。

再者，許多研究認爲這種以超額報酬的獎金激勵措施，足以解釋高科技產業員工爲何沒有組織工會的意願，導致園區「零工會」的現象。有學者認爲，園區廠商大方地分享配股，是穩定勞資關係，提高勞工參與，提升競爭力的證明，因爲不用組織工會就能拿到高額獎金，也就流失組織工會的目標與動力，進而化解了勞工對抗的意識。根據阿爾伯特・赫緒曼（Albert O. Hirschman）在《叛離、抗議與忠誠》（Exit, Voice and Loyalty）一書指出[5]，一個人對組織產生不滿，會採取叛離還是抗議，是依照他對組織的忠誠度而定。忠誠度越高，就會以發聲進行抗議，若忠誠度低就會採取叛離的方式退出該組織。換言之，組織工會集體發聲，並不是阻礙公司的發展，反而是一種展現忠誠的方式。

因此，領取分紅配股變相淪爲直接的金錢交易，之後的變現叛離也顯示這種模式，無法勾出員工對組織未來發展發自內心的認同。一旦只剩金錢交易，自然會產生等到可以領取高額獎金的臨界點，就是離開變現的時刻。許多科技新貴以四十五歲退休離開企業後，把放空自己開咖啡廳當作人生最大目標，就可以觀察到這種「人在曹營心在漢」的工作疏離心態，反而成爲科學園區「零工會」現象的最有力證據。

直到二〇〇八年，在保障股東權益的聲浪下，財政部力主員工分紅必須符合費用化的會計準則，員工分配的股票改以市值課稅後，科學園區內廠商將會稀釋掉「每股稅後純益」ＥＰＳ，特別是高股價、高分紅的公司影響更大，根據推估台積電將稀釋達十五％，如此一來，高科技廠商逐漸減少員工分紅配股的發放[6]，這也造成高科技產業的實質減薪，如何吸引人才就成了廠商的另一個課題。爲了提高員工對企業的忠誠度，願意長期與企業共榮，二〇〇一年公司法修法，新增「員工認股選擇權」制度，允許員工於未來的一定期限內分次購買企業股票，讓員工分享企業成長的利益。不過對員工來說，過去的分紅配

5 Albert O. Hirschman 著，李宗義、許淑雅譯，《叛離、抗議與忠誠》，商周出版，2018.3。
6 數位時代，〈荷包大縮水三成五科技人想換工作〉，2007.10.1。

股是零成本，股票選擇權的制度立意雖佳，但是對過去嚐過無償配股甜頭的員工，對比必須自掏腰包的認股選擇權制度，參與意願自然不高，以致採取的企業也就寥寥無幾。

如今，還有人不斷撰文大聲疾呼要政府恢復過去的分紅配股方式，當成吸引優秀人才投入高科技產業的誘因。事實上，坐等時機離職變現的分紅配股模式根本是一個把人性玩壞、侵蝕勞資彼此互信共享，淪爲一種赤裸裸金錢收買的魔鬼交易，更是斷送台灣最優秀科技人才的工作觀與價值觀。基於經濟民主的理念，經營者唯有讓員工持有多數的公司股份，與員工分享企業所有權共享利潤，共同以企業長期發展爲目標，唯有如此企業才能眞正留住優秀人才。

大同公司的非自願性「工者有其股」

新玻、中興與台汽的自主營運案例，都是面對特殊狀況下的應變反應，而分紅配股只是被企業及員工視爲一種加薪手段，距離經濟民主還有相當大的距離。台灣的產業同時還有另一種只是仿效經濟民主的表面，卻無實質的內涵的模式，也就「工者有其股」。

歷史悠久的傳統產業大同公司，從一九四六年就實施的「工者有其股」本身就是一個值得研究的案例。創立大同公司的董事長林挺生，自一九四一年台北帝國大學化工系畢業後，就繼承父親林尚志的事業，出任大同鐵工所社長並在二戰後擔任立法委員。一九四九年大同公司開始發展家電業，開展了大同家電帝國的霸業。由於林挺生採行高度威權的家父長式管理方式，將家庭倫理套用到企業經營上，把員工當成自家小孩在管教，並自封「教授校長董事長」。因此在一九四六年所實施的「工者有其股」制度，雖是台灣第一個實施員工認股的企業，不過卻是大同資方從每個員工的薪資、年終獎金與各種獎金當中扣除一定比例，強制購買公司股票，這種本來應該是勞工自願參加的認股方案，到了大家長林挺生的手上，變成一種「非自願性」扣除員工當期報酬的強迫作法。

雖然大同資方強調這是一種鼓勵員工儲蓄的企業福利，而且讓員工也持有大同股票，也有促進勞資和諧的效果。不過員工卻認爲[7]，公司強制員工持股一律要委託當時的董事長林挺生在股東會上代爲行使股東權益，根本是一種變相苛扣員工薪資，成爲林挺生的個人籌碼去護盤公司的股價。

長期以來的「非自願性員工認股」制度，再加上低薪與未調薪，累積大量員工的怒氣，反成了大同自主工會成立的萌芽爆發點，這對資方可說是始料未及。一九八八年三月底，大同公司當年度認股方案公告出來，規定認股開戶時，「代理人」與「通訊地址」的欄位一律空白，交由公司統一填寫，並強制將股東權益一律交由職工福利委員會代理，而且職工福利委員會又同時貸款給員工購買大同股票賺取利息。這種強制苛扣薪資與獎金，並強迫勞工放棄股東權益的作法，徹底激怒員工，引發大同三峽廠員工在同年的四月一日展開籌組三峽廠產業工會的行動。三峽廠工會的發起人許守活、曾水鑑、張照碧等人並組成的「大同同仁權益促進會」，在四月二十一日以「發還股票」的行動訴求，在台北總公司大門發起員工連署，引起員工圍觀以及三百多人的聲援連署。

這股「發還股票」運動所凝聚的員工向心力，成爲大同三峽廠自主工會成

7 林宗弘等著，《打拼為尊嚴——大同工會奮鬥史》，台灣勞工陣線出版，2000.9，p80。

立的最大推動力量，也促成後續原本由資方控制的大同公司工會在十二月底由白正憲擔任理事長，大同工會脫離資方掌控正式邁向自主化[8]。大同員工從一九八八年開始發動「追討員工股票」的運動，其間經過許多工會幹部被非法調職解僱，所引發工會與資方之間的漫長法律焦土戰，一直到了一九九六年，資方才答應只要認購股票三年以上者，就可領回最高二〇％持股，以回應員工的期待。

大同公司很早就推動員工持股，至今仍保有「工者有其股」的規定，然而股權名義上是歸員工所有，實際上卻仍一直是公司的「私房股票」。在員工的壓力之下，一九九一年成立「大同公司工者有其股員工持股委員會」，一九九二年財政部首度核准中國信託開辦員工持股信託後，大同持股委員會正式與中國信託簽訂信託契約，由中國信託代理員工持股信託的工作。現今每位員工仍可以每個月最低一百元到最高一萬元之間自選金額，委託信託公司在市場上認購大同公司股份，公司則相對投入同額的獎助金。然而，資方的相對提撥只是誘餌，因爲交換條件是員工必須讓渡出股東權益，且股票全數由持股委員會保管，等到離職或退休時才能全部領回股票自由處置。

事實上，大同員工根本沒有直接持有大同公司股票，也無法行使股東權利。因爲申購股票前必須與持股委員會簽訂「入會申請書暨委任書」，直接將股東權益讓渡給持股委員會：

「申請人暨立委任書人（以下統稱「本人」）……申請加入大同公司工者有其股員工持股委員會（以下簡稱「本會」），並同意遵守本會章程之規定辦

8 詳細過程請參考，林宗弘等人著，《打拼為尊嚴——大同工會奮鬥史》第四章〈工者有其股，想要就解僱〉，台灣勞工陣線出版，2000.9。

法，每月自本人薪資所得中提存一定金額（含公司獎勵金）共同交付予中國信託商業銀行股份有限公司信託部（以下簡稱「受託人」）管理、運用，並以本入會申請書兼具委任書，共同委任擔任「本會」代表人職位之人（以下簡稱「本會代表人」）爲代理人，全權代理本人與中國信託商業銀行股份有限公司信託部（以下簡稱「受託人」）簽訂『大同股份有限公司工者有其股員工持股委員會員工福利信託契約（員工持股型）』（以下簡稱「本信託契約」），並於本信託契約存續期間全權代理本人與受託人處理相關之信託事務，同時本人同意並遵守本入會申請書所載之各項約定條款。」……（節錄自「大同公司工者有其股員工持股委員會入會申請書暨委任書」）

長年累月由員工薪資累積出來的股權，使得員工持股信託基金在一九八八年時一度占有二〇%的股權成爲最大股東，隨後雖持續減少至現今仍占有約三・六％的股份，然而員工卻無法依據股權參與決策。因為與持股委員會簽署的委任書，已將股權全權交由持股委員會代理，無法集體行使股東權益，更遑論依股權占比推出勞工董事。再者，持股委員會表面上是代替員工行使公司法所賦予的股東權益，具有間接民主的代理性質，但問題就出在於持股委員會終始是由資方完全掌控，組成完全不民主、不透明，工會也沒有干預介入的空間。

被閹割權利的「員工持股信託」

歐美國家推動超過數十年的員工持股信託，在經濟民主化的過程中扮演著重要角色。台灣雖然也予以仿效，並由財政部在一九九二年正式開放「員工持股信託」業務，即被視爲企業推動利益分配的選項之一，許多民間企業也跟進推動，例如中鋼在一九九八年以公司額外加碼提撥二〇%的方式，獎勵員工認股交付信託；統一超商也以薪資六%以內，用三〇%加碼提撥方式鼓勵員工每月定期認股；台肥則是在薪資十%以內提撥認股，公司加碼提撥二〇%獎勵金。在金管會鼓勵之下，這股風潮隨後也吹進銀行業，二〇一九年九月彰化銀行宣布開始員工持股信託方案，依照員工職等、職稱訂定六類自提金額扣款標準，員工可選擇以最低自提金額或該金額兩倍參加，行方將會相對提撥一千元或一千五百元鼓勵員工參加。

官方推動員工持股信託成效如何，尚不得而知。因爲官方並沒有企業辦理員工持股信託的整體性調查統計，不過根據金融業工會全國聯合會的自行調查[9]發現，目前金融業當中共有十四家金融機構辦理員工持股信託[10]，其中有九家是在二〇一九年之後才開始實施，由此可見，即使是與金融業有直接關係的員工持股信託，也是從近年才開始盛行。這些方案內容大多是員工每月自提金額，按照職位高低分三到五階層，最低一級都是從員工每月自提一千元起跳，職位越高可以提撥越高金額，也有幾家銀行僅有固定提撥一千元，另外大多數企業都會相對提撥同等金額，也有企業只提撥三成，以鼓勵員工提撥。

在台灣，員工持股信託的操作模式是由同一企業內的員工以取得、投資自己所服務公司之股票爲目的，共同組成「員工持股會」，由加入的員工授權持股會代表人與身爲受託人的銀行信託部簽訂「員工持股信託契約」，然後從每

9 金融業工會全國聯合會，〈各金融業持股信託規範彙整表〉，2020.11.10。

10 依照開辦時間的順序，分別是中國信託（一九九六）、永豐金控與永豐證券（一九九九）、元大金控與元大銀行（二〇〇〇）、富邦金控（二〇〇五）、台中商銀（二〇一四）、台灣企銀（二〇一九）、第一銀行（二〇一九）、彰化銀行（二〇一九）、合作金庫（二〇二〇）、兆豐金控與兆豐銀行（二〇二〇）、高雄銀行（二〇二〇）、玉山金控（未確定開辦日期）、上海商銀（二〇二一）、新光金控（待董事會通過就實施）等。

個月薪資所得提撥一定的信託資金，並加計公司提撥的獎助金，由員工持股會交付予銀行信託部購入公司的股票[11]。

員工持股的其他途徑

除了以上的員工分紅配股及員工持股信託方案之外，目前依照公司法等現行相關法規，還有其他員工持有股票的方式[12]。

員工分紅配股：依照公司法規定，公司應於章程訂明以當年度獲利狀況之定額或比率，分派員工酬勞。如果員工酬勞的發放以股票或現金爲之，那就必須經過董事會以董事三分之二以上之出席及出席董事過半數同意，一旦決議以股票方式發給員工酬勞，得於同次決議以發行新股或收買自己之股份爲之。由此可見，員工分紅配股，在公司法當中，是一種把盈餘分配給員工的方式，重點是分紅，不以現金而是以配股的方式進行。由於員工是零成本無償取得，當然員工激勵的效果很大，不過，公司沒有盈餘就沒有分紅配股，而且通常很多員工，一直熬到拿到分紅配股後就離職，根本留不住優秀人才。

現金增資保留員工認購：公司在發行新股時應保留發行新股總數百分之十至十五之股份由公司員工承購，公司對員工承購之股份，得限制在一定期間內不得轉讓。但其期間最長不得超過二年。此項規定比較接近員工入股的精神，只要公司發行新股，就強制要撥出一定比例給員工承購，不過員工必須付出成

11 台灣金融研訓院編，《信託業務入門及解析》，二〇〇八年一月初版，財團法人台灣金融研訓院發行，頁425。
12 參考楊哲夫，〈淺談「限制員工權利新股」制度〉，證券暨期貨月刊第三十卷第六期，2012.6.16。

本，會影響員工的購買意願，而且不能立即處分股票轉賣變現，因此，激勵效果會比較差，而且只有發行新股時才適用，勞工能夠購買的股數非常有限。

員工認股權憑證：公司得經過董事會以董事三分之二以上之出席及出席董事過半數同意後，與員工簽訂認股權契約，約定於一定期間內，員工得依約定價格認購特定數量之公司股份，訂約後由公司發給員工認股權憑證，員工取得認股權憑證，不得轉讓。企業可以依照此規定，利用承諾員工對未來的股票以約定價格購買的誘因，讓員工在這段期間爲公司更努力，就能讓公司更賺錢，未來股價越高，與約定價格差額越大，其激勵效果越大。

庫藏股轉讓員工：公司得經董事會以董事三分之二以上之出席及出席董事過半數同意之決議，於不超過該公司已發行股份總數百分之五之範圍內，收買其股份；收買股份之總金額，不得逾保留盈餘加已實現之資本公積之金額，公司收買之股份，應於三年內轉讓於員工。另外，第一六七－三條也規定，公司買回庫藏股轉讓給員工得限制員工在最長兩年內，不得轉讓。由於公司是否買回庫藏股，決定權是在企業，而且企業要有一定資金，而且要董事會同意，因此對勞工能否購買得到，變數非常大，勞工完全處於被動接受地位。

限制員工權利新股：公司法第二六七條第八項至第十項，規定公開發行股票之公司發行限制員工權利新股者，應有代表已發行股份總數三分之二以上股東出席之股東會，以出席股東表決權過半數之同意行之。不過，發行新股者，其發行數量、發行價格、發行條件及其他應遵行事項，由證券主管機關定之。不過，公司發行新股會稀釋股權，因此，主動權取決於企業，雖然員工可能會無償取得，但對員工而言可遇不可求。不過，企業可以設定認股條件，由於是未來方能兌現，會提高員工留在企業的意願。

被扭曲的員工持股

綜合上述，即使公司法有上述的五種途徑，可讓員工持有企業股票，台灣員工持股的企業家數與員工持有比例依然不高，因爲上述五種方式，其發動權幾乎完全掌握在企業雇主，工會與勞工完全沒有置喙空間。再加上整部

員工持股五種途徑比較表

	法律依據	實施門檻	員工取得成本	強制性
員工分紅配股	公司法第235-1條	公司得經過董事會以董事三分之二以上之出席及出席董事過半數同意	無償	非強制
現金增資保留員工認購	公司法第267條	發行新股時，應該保留發行新股總數百分之十至十五之股份由公司員工承購，	有償	強制
員工認股權憑證	公司法第167-2條	公司得經過董事會以董事三分之二以上之出席及出席董事過半數同意	有償	非強制
買回庫藏股轉讓給員工	公司法第167-1條	經董事會以董事三分之二以上之出席及出席董事過半數同意之決議	有償	非強制
限制員工權利新股	公司法第267條	代表已發行股份總數三分之二以上股東出席之股東會，出席股東表決權過半數之同意	無償	非強制

公司法，一直是以鞏固企業出資者的經營權爲首要目標，員工只是爲資本創造利潤的工具，以致台灣的員工持股方案看似眾多，但對於推動經濟民主的效益卻相當有限。

一方面，國外的股東與作爲經營代理人的專業經理人，是處於經營權與所有權分離。爲了令兩者的利益衝突與代理成本降到最低，必須透過分配給代理人一定持股做爲激勵，讓兩者利益一致，促成代理人與股東雙贏。但是，台灣將這套代理理論套用到雇主與員工身上，反而導致誤用。因爲台灣的企業主將分配給員工股票視爲一種鞏固經營權與所有權的工具，特別是台灣的企業是集合絕對經營權與所有權於一身的血統式家族統治，是不可能讓與經營者非有血緣關係的員工影響經營權。因此，讓員工分別拿到持股可自由買賣出脫換現，自然不會集體干預經營權。即使是集體信託，還是可以透過相對提撥交換員工「志願」拋棄股東權利，排除介入經營的可能，顯然這些傳統的經濟民主手段在資方的巧妙利用下卻變成企業福利的善舉，還能壓縮員工參與治理的機會，徹底鞏固資方的經營權。

另一方面，台灣的員工入股模式的演進並不是由下往上，以勞工逐步掌握企業所有權控制企業爲目的，完全是一種由上而下的企業主施捨，長期以來政府、企業乃至於勞工本身，都將持股簡化成爲加薪的手段，不論是立即出售或是限制一定的期間或等到退休領回，都當成是一種儲蓄，只求在未來獲得溢價後能夠脫手。而從企業主的角度，分享自家公司的股票無償或有價給所屬員工的動機不外乎被動感謝員工過去貢獻、主動激勵員工士氣、留住優秀員工加強對企業忠誠等等。這種由上而下的恩給，通常依靠雇主一時的善念，並以協助員工財富累積爲其善舉加值，其背後用意只是爲了拉攏員工，絕不是基於分權治理，所以所有釋股方案都是建立在不會影響經營權的前提之上，築了防火牆鎖住員工動用持股的可能性，即使員工持股再多也無法集合股權干涉營運挑戰資方的統治霸權，甚至連推派席次參與董事會決策的機會都被剝奪。

總而言之，台灣推動員工持股的主要目的，均無關參與公司決策或是所有權移轉，距離勞工團結共同持有股份使企業走向經濟民主，還相當的遙遠。

當台灣家族企業撞見勞資對等協商

合作、共有、共享的企業經營精神內涵與組織型態，在台灣之所以遙不可及，是因為家族主控的基因隱藏其中，使得企業利潤分享大多也只限於親屬或擬似親屬關係的封閉私人集團。

根據葉銀華教授在二〇〇一年的調查，台灣上市公司有七六%受家族控制，股東分散者者與國營者僅分別佔十七％與六％[13]。而中研院李宗榮研究員推估調查，台灣的家族企業，透過其次級親屬關係交叉持股所形成更龐大的「超級家族集團」，其總年度營收約爲台灣GNP的一半，政府年度收入的二．八倍，資產總和則是國家財產的三．六倍[14]。由此可見，臺灣的企業家族化，不只是存在於一般人認爲的中小企業，連有一定營運規模的上市公司也是受家族集團控制。家族企業的現象舉世皆然，根據國際家族企業研究機構（IFERA）調查，法國與德國六成、英國七成、義大利高達九成均是家族企業，美國則有六成的工作機會是家族企業提供[15]。因此家族企業在世界上是普遍存在的，並非台灣所獨有。

家族企業在創立之時，親屬彼此間要維持企業營運，勞動力是處於高度合作互補甚至高度自我剝削、資金高度共享互補或是抵押借貸投入，這種親屬間以親情關係無條件付出勞力，不求回報共同打拚是企業在市場激烈競爭中生存下來的重要動力。即使是高度自我剝削，在自有資金與勞力青春完全投入之下，無非就是期待未來企業的成功，這層親屬關係之下的家族企業，在沒有僱用外人的草創階段，主要是由親屬同時擁有所有權、經營權與勞動者的三合一角色的共同合夥關係。不過當家族企業業務規模擴大，台灣通常會出現親屬分家，再共構成爲協力生產網絡的合作關係，由於緊密的親緣，所以經常不計成本相互支援，成爲台灣早年彈性化生產網絡的主要競爭力來源。

13 轉引自：王振寰、溫肇東合著，《家族企業還重要嗎？》，2011.6，巨流出版，P5。
14 李宗榮，〈台灣企業集團間親屬網絡的影響因素〉，《台灣社會學刊》，46期，2011，P115-166。
15 轉引自：王振寰、溫肇東合著，《家族企業還重要嗎？》，2011.6，巨流出版，P3。

家族企業的封閉分享

如何突破台灣家族企業的封閉式共享，走向全面的員工共享，一直是個極為困難的課題。依照管理資本主義的觀點，家族企業一向被視為落後的組織型態，唯有所有權與管理權分離，並引進專業經理人，才是具備競爭效率象徵的現代化企業。然而，台灣由於中小企業林立，企業家族化的形象更是濃厚，這是因為限於資金與人脈，企業創立，絕大部分都是從家族企業的型態開始，逐步成長擴大規模，台灣中小企業的家族化社會特質，本身還具備著「擬似家族團體連帶」，以這種人情連帶邏輯來擴大企業間的合作網絡，形成一個「擴大的相對封閉體系社會」[16]，家族企業網絡就在這個封閉體系內進行共有分享。

這種以家父長式的威權管理的家族企業，除非勞工在情感上成為準親屬關係，才有機會納入共享圈。例如，在台灣商業化的轉變過程中，家族企業的第一層擴大主要是招收「長工／學徒」，由於戰後初期大量中南部農村人口北上台北工作，很多十幾歲國小剛畢業就到家族企業商號店鋪老闆家當長工／學徒，形成一種準親屬關係。隨著長期無限制勞力付出，換來頭家信任後，就有機會納入擬似親屬關係網絡，進而共享利潤，甚至在成年後，老闆會無償把一部分業務訂單分割使其獨立門戶，甚至挹注資金協助，形成一種平行的協力生產網路。

台灣目前家族企業主要分布在製造業、食品業、營造業等傳統產業，以及以「吳辜蔡花」四大金融家族集團爲首的民營金融業。家族企業就算成爲上市櫃公司必須遵從公司治理規範，但封閉親屬網絡的本質依然難以撼動，亦缺乏

16 陳介玄，《協力網絡與生活結構——台灣中小企業的社會經濟分析》，1994.3，聯經出版。

外部的監督力量調控公司內部治理，以致經常爆發出私相授受的違法情事。相較之下，在科學園區中新興的半導體科技業，由於高度技術密集導向，其創業資本不是資金也不是低廉勞力，而是掌握技術資源的科技新貴，因此以「台清交」的大學同期或前輩後輩這種類親屬關係網絡經營，幾乎沒有家族企業的存在空間，而高科技公司也比較樂於在某一技術層級以上人員之間，進行利潤共享，所以早年的分紅配股制度會出現在科技產業也是源自於此。

如何將台灣企業由家族獨享轉變爲勞資共享，不僅是經濟民主必須跨越的險峻路障，也是台灣企業從傳統家族化邁向永續經營的終南捷徑。雖然國際上經常會透過工會的團結力量推舉勞工董事參與企業治理，但是家族企業長期壟斷所有權及經營權，以絕對威權完全鞏固利益排除外部甚至是員工的參與，使得勞工董事大多數只出現在國營企業，民間企業卻是極少。

先天不足後天失調的勞工董事

由勞資二元所共同結合的企業形態勞資關係中，勞資若要共享企業利潤，除了資本的恩給，大多數只能透過加入企業層級或產職業層級的工會以集體力量來與雇主協商談判進行制度性分配，提升整體產職業或單一企業的勞動條件。在受僱的勞資關係中，勞工以制度性的代表身分參與企業經營及監督，推動企業獲利果實的公平分享的產業民主，在國外早已行之有年。不管是德國的共同決定法制，直接給予企業內勞工董事的法定地位，或是北歐透過產職業工會與雇主團體的集體協商來形成共識，分享該產職業經濟成就的產業民主化，一直是西方國家集體勞資關係與法令制度發展的脈絡。

在台灣，勞工陣線在一九九〇年起開始推動「產業民主」的理念，並在一九九六年出版《產業民主、觀念革命》手冊，當時適逢政府大力推動國營事業民營化，於是產業民主成了國營事業工會自主化對抗民營化政策的絕佳武器。因爲國公營事業是由全民委任官僚經營，某種程度具有所有權與經營權的分離性質，再加上官方身爲制度表率，所以工會組織參與經營的空間遠比民間企業更大。隨著一九九〇年後期，國營事業民營化的風潮引起諸多爭議，此時勞工陣線再度出版《新國有政策——台灣民營化政策總批判》一書揭露全民資產恐淪爲財團化，主張國營事業員工應參與內部經營，透過工會集體防止資產遭財團不當併吞的正當性就逐漸拉高，於是產生出「勞工董事」的制度想像。二〇〇〇年六月，立法院三讀修正通過《國營事業管理法》第三五條，其中規定國營事業至少應有五分之一的董事，由國營事業主管機關聘請工會推派之。二〇〇三年六月，立法院再度通過附帶決議，主張「國公營事業移轉民營後政府資本合計超過二〇%以上之事業，代表政府股份之董事應至少有一名該事業工會代表擔任。」

勞工董事的發展脈絡是基於監督全民資產，所以主要是在國營事業內部推動。後續雖有民間團體主張，上市公司應該承擔更多社會責任，也應該設立勞工董事，不過一直無法修法通過，導致以產業民主爲核心的勞工董事，至今仍侷限於國營事業的範圍，無法向民營企業挺進。而根本原因在於台灣的小頭家意識旺盛，有利於鞏固出資老闆才能擁有絕對權益的普遍意識，畢竟大多數私人企業的發展歷程都是依靠第一代勤儉打拚而壯大，社會也普遍接受只有出資才有股份，有股份才能參與經營的資本至上邏輯，難以接納勞力資本理應與貨幣資本處於相同統治地位的現代觀念，導致提倡抑制資本威權的工會組織率低迷，勞工董事在民間企業也幾乎失去發展空間。

企業經營者充斥著家父長心態，也經常展現溫情體恤照顧員工與軍事化的高壓管理，並在恩威並施的兩極之間遊走，除非老闆恩准或納入擬似親屬關係，員工參與根本是不可能的任務。

在當前台灣仍以中小企業爲主，且多處於家族化經營霸權之下，要想突破資本威權，必需要突破勞資二元的受僱關係，使產業民主轉向經濟民主。由勞動僱用資本，使勞工透過控制所有權，從受僱者翻轉爲兼具經營與勞動的雙重身分，成立勞工自主企業，是經濟民主破除資本主導勞動商品化的根本邏輯，這套突破性的思想，除了意識及觀念的轉變，還需要透過制度的改革，引導國家及社會資源的投入，雙管齊下協助企業所有權逐漸移轉予員工，使經濟民主成爲工會團結路徑之外，另一條徹底解放台灣勞工的可行之路。

第四章

經濟民主的借鏡與實踐

洪敬舒、張烽益

根據國內主計總處於二〇二〇年底所公布薪資統計，二〇一九年工業與服務業員工含年終獎金、加班費在內的經常性總薪資平均為六十四・四萬元，成長二・三九％，同年度總薪資中位數四十九・八萬元，成長也有一・六四％，但是全體七百九十七萬名受僱員工中，多達五百四十萬人低於平均總薪資，占比率增加至六十七・七二％，也同樣創下歷年統計的新高。對於這樣的結果，連官方國勢普查處也認為，極端高薪族群的薪資成長過快導致拉高平均數，

「這說明中產階層與極端高薪族群的薪資差距，又進一步擴大」[1]。

薪酬結構的兩極化對高薪者是喜事一件，但是愈多人被流放到平均值左側，就非社會所樂見。貧富差距與分配擴大惡化，忠實的反應出缺乏經濟民主的治理盲點，社會能夠輕易理解政治民主的運作邏輯，卻始終無法理解以民主集體控制經濟、實現社會平權及廣泛福祉的必然性。經濟民主的概念，至今尚未被開發與理解，國內也始終缺乏完整的實踐套案，甚至只要觸及相近理念，就會被保守主義扣上人民公社或共產主義的反動大帽。然而，從第一章的介紹，就能理解經濟民主概念並非國家社會主義也不是獨裁資本主義，而是在各種經濟組織內部行使共同所有權，使社會得以集體控制達到經濟民有、民治、民享的新三民主義。

解決經濟排除的問題，必須建構在包融性參與，其關鍵在於如何讓經濟行爲者擁有實質參與及平權決定經濟的機會。共同支配所有權的經濟民主，能夠讓企業轉化爲勞工、社區乃至社會可控制的經濟體，是因爲在它的社會使命中，資本從來就不是唯一的利益關係人，就像勞動突破資本完全壟斷，其受益對象除了勞工，也包括家庭成員。只要經濟民主能夠再進一步擴大市場領域，那麼以社區爲核心的各種利益關係人，自然會從各種民主組織提供的平等參與機會中受益。

1 于國欽，〈慘！6成7上班族 低於平均總薪資〉，工商時報，2020.12.24。

以經濟民主弱化資本主義

民主的實踐來自於所有人都擁有改善社會的信念與行動力，民主的合法性也非關財富實力，是建立在人人擁有平等的參與及決定機會，所以經濟的平等，對於維護政治民主及合宜分配更顯重要。一旦控制經濟的權力與利益被允許集中化，就會成爲少數人輕輕鬆鬆的結合政治權力進行社會控制的工具，其結果必然是社會階級的固化，也徹底破壞社會對民主的集體信任。

經濟民主並非不追求利益，相反的，經濟民主是追求集體性的公眾利益，其利益縱深遠比無止盡揮霍公共財，只在意個人無限利益的資本主義更加遼闊。但是不得不承認，如果社會只接受資本完全主導市場，由少數人擁有生產資料以及勞動只能領取工資的慣習，就算擁有突破與反制能力，經濟民主也無法替代資本主義。畢竟勞動條件與就業環境就算再怎麼惡化，大多數勞動者仍無意透過自我組織，共同承擔風險平等享受經濟果實，只希望從受僱關係中領取報酬，由少數者控制的企業仍然會是市場的主流與絕對多數，資本僱用並控制勞動的模式也會永恆延續。同樣的，若社會仍被集體禁錮在資本至上思維，把盡其所能擊潰他人當成存活的主要手段或是搏取資本認同，資本主義就會頑強附著在勝爲王敗成寇的社會價值觀中，被各個世代吸收接受，社會始終只能在被圈牢的羊圈中努力打轉。

萊特（Erik Olin Wright）在人生的最後一本著作《如何在二十一世紀反對資本主義》中坦言，資本主義難以摧毀。不過也無需過度灰心，他從過去反資本主義行動中總結出五種策略，包括以共產革命打碎資本主義、以國有化拆解資本主義、以福利國家馴服資本主義、以工會運動抵抗資本主義，以及以合作運動逃離資本主義。這五種策略當中，除了以共產革命扳倒資本主義證實失敗，其餘四種策略萊特認爲至今仍然有著廣泛的影響力，所以資本主義主導一切的現狀並非難以撼動。只要能有效結合四項由上而下以及由下至上的運動策略，就有機會共同弱化資本主義的主導地位。因爲，不論是弱化資本主義策略、民主職場或是勞工自主企業，都是採取擴大勞工經濟參與及控制權的經濟民主路線。只要增進社會對經濟民主的理解，結合國內的環境實務與網絡，在民主的經濟理論基礎之上產生與支持更多典範，就算微小也會聚集成黑暗中的燭光，我們手中仍有握著改變未來的有效票。

後疫情時代的共同所有權契機

隨著新型冠狀病毒在各國掀起經濟創傷的巨浪，勞工深受失業的苦楚，企業也受傷甚重。雖然各國的抒困方案爲產業提供及時支援，但實非長久之計。以美國爲例，儘管二〇二〇年中提出包含對小型企業提供三千四百九十億美元的援助計劃在內總計一兆美元的紓困方案，沒多久紓困援助已經見底。但就算企業得以殘喘，仍舊止不住經濟重挫與失業率的高漲，因爲企業仍然採取裁員、減班等將風險轉嫁員工的削減成本措施。從長期效益來看，等到疫情穩定後就一切如故。基於創造優質工作環境，政府必須爲勞工提供更多的韌性就業機會，否則勞工只會在景氣循環不斷被犧牲。

經濟民主的巨大潛在貢獻被長期低估，以致面臨突如其來的經濟風暴，往往只有仰望國家紓困或任憑企業解僱員工。美國托育產業一項二〇二〇年的調查統計就發現到，該行業已超過二十萬名受僱人員失業，若聯邦政府無法提供充足支持，推估全美國將有四百五十萬個托兒所將隨著疫情而消失，其中又以服務經濟弱勢者的兒童保育中心將遭到最沉重的打擊[2]。

紓困需要支出大規模經費而難以長久，大量解僱又會直接導致失業與福利體系的沉重壓力，進而壓垮整個國家。於是協助員工接管企業就成爲疫情時期的解方之一。本書第二章中提及，在美國長期推動員工所有權制度的ＩＣＡ集團（ICA Group），呼籲官方應將所有權移轉當成因應疫情的因應策略。因爲面對系統性經濟風險時刻，微型企業不必然只有選擇關閉一途，雇主可透過向員工轉移股權替代部分薪資，如此一來，企業本身減少現金支出有效減低解僱壓力，維持基本營運。對員工而言，也能保留住工作機會，雙方若可同舟共濟撐過風暴，員工亦可擴大所有權收購，達到完全接管。

事實上，在ＩＣＡ集團提出呼籲之前，民間已有呼聲主張美國政府應該在各行業發展更多的工人所有權，作爲穩定產業與從業人員的可行策略。例如民間組織「民主協作」（Democracy Collaborative）近年便著力於推動「五十乘五十計劃」（Fifty by Fifty），寄望在二〇五〇年能在美國催生出五千萬名員工所有權人[3]。在英國則有英國合作社（Co-operative UK）與員工所有權協會（Employee Ownership Association, EOA）共同提出「百萬所有權人」（#1MillionOwners）運動，呼籲政府採取員工所有權作爲分配不平等的解方。根據EOA的統計，英國至今大約只有三百七十家員工所有權企業，民間普遍

2 Steven Jessen-Howard & Simon Workman, "Coronavirus Pandemic Could Lead to Permanent Loss of Nearly 4.5 Million Child Care Slots", Center for American Progress, 2020.04.24, https://www.americanprogress.org/issues/early-childhood/news/2020/04/24/483817/coronavirus-pandemic-lead-permanent-loss-nearly-4-5-million-child-care-slots/

3 參見fit by fit官網，https://www.fiftybyfifty.org/

認爲經濟不平等來自於企業的利潤壟斷，因此百萬所有權人運動主張英國政府應該著手制定經濟民主政策，提供政策支持工人集體創辦企業並且鎖定中小企業經營權移轉時考量員工所有權，所以兩個民間組織共同於二〇一九年對英國政府展開政策遊說，希望能在二〇三〇年時，爲英國催生一百萬名擁有企業控制權利的企業員工。

在全球疫情爆發時，由員工控制、治理、自立的所有權策略被視爲系統性危機的解方之一，民間也積極呼籲各國政府將經濟民主視爲因應危機的有效策略。員工所有權讓企業有機會生存，員工也保有工作，成爲企業與員工互惠互利共同渡過危機的有效策略。一旦企業撐過危機，員工因爲股東身分受到激勵，會更願意投入心力創造「共同利潤」，疫情期間犧牲的薪資，可望從股權利潤中獲得回報；再者，若員工擁有足夠股權在董事會擁有更多席次，就能得到更直接的決策參與權，有效改善企業內部的分配不平等。

當前疫情威脅尚未過去，就算在未來，全球性的經濟危機也必然存在，國內社會還是得提心吊膽。相較之下，經濟民主企業也會面對嚴峻的市場困境與經營壓力，但是員工擁有更多主導權，就有更大的討論空間藉由重新分配業務、調整報酬或調節休假等各種彈性措施，爲集體留住就業機會以渡過危機，形成眞正共體時艱的典範。

把餅做大≠把餅分好

在台灣勞工的刻板印象中，許多員工有機會變老闆的路徑，大多停留於「黑手變頭家」，也就是在一九七〇年代台灣工業發展初期，黑手出身的學徒或基層員工，在學得一技之長之後自立門戶，逐漸茁壯成爲頭家，現在很多台灣大企業經營者都是黑手變頭家的時代產物，由於幸運趕上九零年代西進中國的熱潮，企業規模突然放大百倍千倍。然而過去黑手變頭家的過程，清一色是單打獨鬥後獨享戰果的英雄敘事，極少出現經濟成果平等分享的溫馨。

這是因爲在競爭資源拼輸贏的資本主義邏輯之下，具規模的企業必須遵循股東利益至上的規則，只能爲少數人履行承諾，所以用心計較的降低工資勞動成本及主張減稅的利潤操作將風險外部化。再加上權力與投資額直接掛勾，大股東挾著資本優勢贏者全拿時，小股東只好利用短期操作快速增值變現，然後轉向下一個投資標的。在資本主義的分配過程，難有置喙的餘地與餘力勞工，如何有資格在勞資的談判桌上分餅？

擁有多少的資本，是個人能夠參與到那些市場經濟，獲得金融服務，累積工作能力與掌握未來的敲門磚。從勞工的角度來看，「把餅分好」顯然比把餅做大來的更關鍵。但是過去的把餅做大，一再淪爲企業討取國家補貼的慣用口號，也老是發生企業或老闆全盤獨拿。最經典的案例莫過於二〇〇九年金融危機時，政府提出大規模減稅，還端出政府挺銀行、銀行挺企業的三挺口號，獲得大量減稅的企業並未相挺員工，失業率仍創下新高，同一時期甚至發生勞工仲介公司勾結上百家公司行號，明明員工未縮減工時卻向職訓局申請補助，成功詐取一．八億元的納稅人血汗錢[4]，把餅做大被黑心者濫用爲眾人分餅屑的畫大餅。

員工所有權不是解決所有危機的唯一仙丹，但是作爲一種勞動自主控制工作條件的方案，將股權移轉予員工，確實能夠減緩財富集中化的惡性循環，也就是把餅分好。這些資本主義巨人所看不起的小規模企業，在危機時期不僅維

4 黃博郎、廖千瑩、蔡淑媛，〈發國難財！仲介勾結百家企業 詐領1.8億無薪假補助〉，自由時報，2011.09.08。

繫勞工及社區的運作發展，甚至能在危機中持續擴大。根據美國國家員工所有權中心（National Center for Employee Ownership, NCEO）的報告，在經濟不景氣期間，員工持股比例較高的企業裁員機會較低，也更有機會在勞資同心協力下渡過系統性風險；一旦危機過去，員工所有權人的退休儲蓄平均增加二．五倍，工資提升五至十二%，平均生產率可提高四至五%[5]。顯然經濟民主的勞動合作不只能夠把餅做大，還能夠把餅分好分妥。

回頭看看第三章，台灣短暫的經濟民主個案之所以失敗，主要是政府僅是被動等待企業關廠歇業，再來吃力不討好幫企業收拾遺留下來的爛攤子，並沒有在更早階段爲員工接管提供實質或相關知識的支持。以共同所有權爲核心的經濟民主道路，當然也有合作意識教育、經營管理的專業知識以及耐心資本不足的社會障礙。但是所有的阻礙，都不會比在傳統資本主義的框架中，徒勞找尋無效解方來的更多。畢竟，工作場所及工作內容的監控技術正在快速增長，雇主控制勞工的權力比起過去任何時刻來得更大，而社會安全網的弱化以及工會的銳減，以致國家一再投資於勞動的生產效率，也無法縮小經濟不平等，讓工資成長率等同於雇主的利潤率。至於再完善的技能培訓計劃，若無法有效擺脫二代無人接班的危機，未來一樣得承受關廠潮衝擊的嚴重後果。可想而知，假使國家仍持意維護經濟不平等，社會系統的崩潰已是可預知的未來。

---

5 NCEO, "The Economic Power of Employee Ownership", https://www.esopinfo.org/infographics/economic-power-of-employee-ownership.php

用員工接管解決二代接班難題

各國的實例已經證明維護民主價值的經濟組織一樣能夠挺過風險，持續解決不平等社會問題。經濟及災難所構成的大規模社會危機，在未來仍會反覆出現，也依舊會對傳統經濟和社會形成威脅，但同樣爲經濟民主提供發展機會。參考國內產業特色與情境，以民主重塑共享式經濟的願景，極有可能在尋求二代無力接班的解答中找到發展空間。而美國對應銀色海嘯的策略，頗有機會作爲台灣推進員工所有權的參考典範。

雖然小型與微型企業在發展主義的思維中顯得微不足道，但它們所創造出來的龐大就業機會，不只是推動台灣經濟，更是穩定社會的關鍵力量。根據二〇一六年度的工商普查統計，五人以下員工的企業家數共計一百零一・九萬家，占所有企業家數的七十八・六%；換言之，我國同樣是以微型或小規模企業作爲市場經濟的核心。許多小工廠高度仰賴技術專精的黑手師傅，而產業網絡又仰賴這些提供高度彈性與客製化能力的小企業，共同打拼出台灣經濟奇蹟。

許多不滿百名員工的中小企業，至今仍停留在家族乾坤獨斷的舊思維中無法有效成長，更小型的微型企業則是擠不出專業經理人的職缺，所有權與經營權仍然牢牢掌握在家族手裏。但是許多中小型企業，此刻也面臨著二代無人接班的困境。根據經濟部《二〇一八年中小企業白皮書》調查顯示，現有一百四十三萬家中小企業大都屬於家族經營，有超過六成沒有接班傳承計畫。這些中小企業老闆超過半數年紀多於五十歲，十七・四%已經超過六十歲，若第二代不願接班，在未來的十至二十年間，許多高技術含量企業的最終命運，只有關廠歇業一途。

銀色海嘯的危機，除了大量小企業關廠所導致的失業潮將壓垮總體福利措施，一旦失去這些小企業，也就代表台灣將會流失許多極爲關鍵的默會知識與技術，嚴重危及產業技術傳承及整體發展，這些全是一個世代內之就會面臨到的社會危機。

員工收購企業並非天方夜譚，就算美國這種高度個人資本主義的國家，一樣認同並支持員工所有權方案。美國過去使用的員工所有權計劃，主要是透過對資本家提供租稅優惠，鼓勵企業股權移轉予員工，施行半個世紀以來雖有成效，但參與者多爲營運規模與保障制度較佳的大型公司，員工難以獲得更多的股權，只能偏重在退休後的股票增值利益而非企業的參與。中小企業的使用率偏低，也未能產出經濟民主所有權的總體結構翻轉。

然而改變的時機已經到來。隨著戰後嬰兒潮出生的中小企業雇主，至今已屆退休年齡，全美約有二百三十萬家中小企業主，將在未來十年陸續退休，其中絕大多數尚未制定接班計畫。官方預估，若無法提高接班或轉手經營機會，多數中小企業將會走上關閉命運，影響所及將是二千五百萬名勞工的就業機會流失，所以美國政府將這項潛在危機稱爲「銀色海嘯」（Silver Tsunami），而MSEOA法案便是解決危機的關鍵對策。二〇一八年八月聯邦政府通過的《商業街員工所有權法案》（Main Street Employee Ownership Act），MSEOA法案的主要精神是將一九七四年勞工退休保障法（ERISA）中的員工持股計畫（ESOP）擴及至中小型企業，也就是由官方主導的小企業管理局（SBA）在全美各地建構諮詢服務網絡，針對中小型企業推廣並協助員工接管。

MSEOA的策略目標將企業股權移轉員工的推動重心轉向並鎖定中小企業，以接管企業爲大方向的員工所有權，減緩銀色海嘯的殺傷力。其政策實施採取雙管齊下，首先是將小企業管理局打造成爲教育中介與支持平台，協助有意願的員工們啓動收購流程，同時以一對一的輔導方案，提供不可或缺的專業評估、諮詢輔導與融資規劃等全方位支持。同時提供最高五百萬美元的貸款擔保計劃，協助員工收購股權過渡到員工持有半過股權控制企業，或是百分之百收購轉型爲工作者合作社。透過股權移轉的政策規劃，除了最大化的保留就業機會，也大幅提升了員工實際參與企業治理的機會。MSEOA特別鎖定小規模企業也隱含另一個重要效益，由於小企業內部分配不均的嚴重程度也頗高，透過員工接管促使勞動得以在共有股權的集體基礎上，實踐眞正的同享福共患難，進而有效解決分配不平等的長年社會問題。

將失業救濟轉變爲接管企業資本

經濟民主不只是就業勞工得以受益，即便是失業者，經濟民主也能結合集體創業模式，有效解決個人微型創業常見的失敗困境，減低個人創業的貧窮陷阱與風險。

針對失業者提供救助資源及培育輔導是各國常見積極勞動市場政策，其中協助失業者合夥或以合作形態集體創業，共同分擔資本與營業風險也頗爲常見。然而，這種集體創業形態在我國的就業輔導政策中向來不是主軸，因應失業的主要政策，還是只著重在復歸受僱關係或是個人創業的二擇一路徑。

這是因爲創業在台灣一直被詮釋成完美的打拼形象，就算創業風險之高人人皆知，但就算面對難以回歸受僱體系的最弱勢者，政策調性仍舊將個人創業當成替代性選項，大加鼓勵，特別是就業大環境趨於惡化時，將失業者導向個人式的微型創業更成爲消化失業率的最佳管道。

眾所皆知，創業不只需要啓動資本、生產知識、研發能力甚至運氣等眾多要件。所以創業是條艱辛路，也絕非想像中的美好，對於資本與能力雙重弱勢的失業者，更是荊棘滿佈。二〇一九年諾貝爾經濟學獎得主阿比吉特．班納吉（Abhijit Banerjee）及艾絲特．杜芙若（Esther Duflo），在《窮人的經濟學》一書中詳細解析借錢創業能否充當脫貧解方。兩人首先將窮人稱爲「不得已的創業家」[6]，因爲窮人做生意的市場特徵是初期大多市場規模偏小收益有限，無力再聘僱幫手．所以常見全家總動員以節約人事支出。但二位學者認爲，若是扣除掉家庭成員的勞動成本，大多數的窮人創業都是處於虧損。再者，要達到效率規模，還需要進階的技術能力，但弱勢創業家已經處在一人當三人的超限利用，難有餘力學習或自我創造出專業技能，又無力僱用專業人員，因此作者得出「貸款創業無法大幅改善家庭福利」的觀察結論。

按照這個觀察結論，弱勢者的個人化創業往往受限於經濟資本與人力資本不足的先天侷限，限制可投入的市場選項，於是大多數只能投入低門檻、低資本、低技術的三低行業，選擇相同路徑的結果是集體陷入紅海競爭。根據勞動部統計，二〇一六年四百二十二件核准失業者創業貸款中，四十六・二%投入批發零售業、二十一・六%選擇住宿餐飲業，再其次是美容、美髮、美體、水電工等個人服務業[7]。然而，翻開二〇一九年中小企業白皮書的調查分析，屬於微型或中小企業的批發及零售業，首要經營困境均為「競爭激烈與毛利偏

6 Abhijit V. Banerjee, Esther Duflo著，《窮人的經濟學：如何終結貧窮？》，許雅淑、李宗義譯，群學出版社，2016，p251-283。

7 中央社，〈台灣人創業　這行業最夯〉，2017.04.04，https://www.chinatimes.com/realtimenews/201704040015 06-260402?chdtv

低」，可見微型創業的「首選」特徵都是低門檻，對個別失業者強行推銷創業翻身，並不是好主意。

再以國內推動已久的微型創業鳳凰爲例，監察院調查報告顯示，勞動部自二〇〇七年開辦至今，整體停歇業比率爲三十一．九二%，遠高於一般中小企業的二十二%；且單就二〇一七年獲貸四百二十七件，更有一百八十八件已於當年度停歇業[8]。鼓動個別失業者走上創業，卻一腳踏入高風險的肉搏戰場，原本是爲謀生而創業的經濟弱勢卻因爲資源有限，反而承擔更高的失敗率，貧窮加上債務的雙重壓迫將更難以翻身。然而，爲了加大對失業者的支持力道，政策走向反而選擇將就業保險中的失業者創業貸款上限，從一百萬元提高到二百萬元，除了貸款之外，雖然也提供其他諮詢輔導等支援工具，但最後成效實有待觀察。倘若依然無法提高生存率，鼓動個別失業者創業只是徒然製造出更多「神風特攻隊」。

弱勢創業承擔更多的營運風險也容易失敗，但不代表創業就是必死無疑。若能夠集合弱勢者共同創業，自然會增加投入創業的市場選擇，避開擁擠市場，況且共同出資及能力結合，也能夠凝聚較充沛的資本規範及人力資源，成功機會將相對提高。因此歐州各國對應失業的策略一樣也有創業選項，但更多是推動集體創業，其中將「失業救濟金資本化」則是一項普遍性的政策方案，例如義大利、西班牙、法國等歐洲國家均允許失業給付轉爲加入經濟民主企業或組建集體合作社的共同資本。

這套模式最早出現於義大利一九八五年通過的《馬可拉法案》（The Marcora Law），該法案提供失業者最高三年的一次性失業給付，作爲集體接管原公司或組織合作社的創業資本，並且限制個人占企業股權最高上限爲

8 監察院調查報告案號 107 財調 0022，審議日期：107/06/06

二十五％。限制股權的目的是確保所有權分散於全體成員，有效去除上下支配關係，使得勞工在平等治理結構中實行民主決策實踐分配正義。

西班牙也於隔年立法推動勞動者公司，允許失業者將失業救濟金轉爲股權資本，以合夥人身分擁有公司控制權，而非純粹的受僱者。爲提升存活率，西班牙允許外部股東出資入股，但明定勞動者成員總持股不得低於五十一％，且個別成員占股亦不得超過三分之一，確保公司是由勞動者集體控制，政府同時透過基金提供固定設備或營運融資的援助，降低資本壓力。在法國則是提供長達七年的收購期，降低勞工收購門檻，從企業逐步向員工合作企業（SCOP）過渡，最終能由勞工完全自主控制。

這種將失業救濟金轉成創業資本的措施，具有三種明顯作用。一是突破失業者重新投入勞動市場便喪失救濟資格的限制，透過失業安全網的多元化，將福利資源轉化爲積極性的再生產；其次，集體合作的創業有助於匯聚更多資源，使失業者接觸到原本個人能力、時間及資本匱乏而難以企及的市場機會與多元選項，有利於找尋更佳的市場空間。而且面臨雇主退休無人接班或企業倒閉時，運用這項模式支持原班人馬集結接管原企業或是另行開設公司，有助於勞工自我修復就業機會，且投入原本就熟悉的技術產業，不只有效提高企業存活率，也減少從零開始的轉職機會成本。據統計，義大利由勞工自行收購並營運公司的三年存活率達八十七．一六％，相較之下一般企業僅有四十八．三％[9]。

集體創業有效減低個體戶的競爭風險，但各國不只將救助福利變成生產資本，更進一步推向經濟民主資本，既創造多元就業機會，也填補市場中勞動主權的空白。歸根究底，以國家資源鼓勵資本投入由勞工控制的企業及工作者合作社，實質促進了經濟民主企業的增長帶動社會團結經濟，也進一步強化經營

---

9 ICA, "The Marcora Law supporting worker buyouts for thirty years", 2015.11.05, https://www.ica.coop/en/media/news/marcora-law-supporting-worker-buyouts-thirty-years

利潤的平等分配，避免創業成功之後又走回資本主義老路，重蹈剝削勞動的覆轍。

爲新創產業注入經濟民主靈魂

要想化解難以承擔的未來，必須重構一套可持續、公平及具社會願景的經濟環境與體系，並不是粗暴在政策直接冠上「新創產業」，妄想用舊式資本主義邏輯就能解決資本主義所製造的所有問題。

近年來，除了傳統半導體的科學園區的設立之外，另外一個最受年輕人注目最夯、最時髦的就是雨後春筍般出現的「新創園區」，這些新創園區有著鮮明的外觀特徵，大都是寬敞亮麗、裝潢時髦、符合人性的園區空間，擺脫了過去傳統工廠或密集鴿籠式辦公大樓的格局，裡面進駐的新創產業，充滿了未來性與前瞻性，很多年輕人一心希望進駐新創園區，取得高人一等的新創家頭銜與光環。

但是新創的背後卻是犧牲大量租稅財政作爲代價。從一九九一年開始，台灣就擺脫不了對產業的租稅減免，從《促進產業升級條例》開始到二〇一二年落日以前，每年實際租稅減免超過千億元，即使促產條例落日，立法院在二〇一〇年又通過了《產業創新條例》，繼續以租稅減免手段鼓勵企業投入研究發展、智慧型生產，二〇一九年的實際抵減稅額爲七十六．六億元。然而，依「產業創新條例」的規定，企業只要「最近三年內無違反環境保護、勞工或食品安全衛生相關法律且情節重大情事」就可以將研究發展、投資智慧機械與導入第五代行動通訊系統的支出抵減應納營利事業所得稅額。而所謂「重大情事」是指「違反環保、食品安全衛生及職業安全衛生法律，單次或累計被處新臺幣三百萬以上罰鍰；違反勞動基準法，單次被處新臺幣五十萬或累計新臺幣一百萬以上罰鍰」。顯示現行的創新定義，本身就是一種極消極的資格門檻，只要企業奉公守法就有機會得到抵稅優惠。

二〇一九年，立法院再度於產創條例中創造出「新創事業公司」，在二十三條之一中對於所謂的新創事業公司，「指依公司法設立之公司，或實際營運活動在我國境內之外國公司，且於適用第四項規定之事業取得該公司新發行股份時，設立未滿五年者」。綜觀整部產創條例，並沒有任何一項條文具有引導新創產業往分配正義的組織治理模式發展。但是幾乎都是循著新創條例的優惠，由政府及私人大量投資成立的「新創園區」卻大量出現，例如二〇一六年創立的位於圓山花博旁的CIT台北創新中心、二〇一八年成立的林口新創園等等。

投入大量經費與租稅減免誘導新創或創新產業，能否創造經濟的大餅？甚至是共享與平等？美國調查機構Startup Genome在二〇一九年四月，調查全球一百五十個城市之後提出「全球新創生態系報告」（Global Startup Ecosystem Report, GSER），其中台北市的軟體新創產業家數約在五百五十家至七百五十家之間[10]。另外，根據《二〇二〇台灣新創生態圈大調查報告》[11]，針對台灣六百七十八家新創企業進行問卷調查，發現五人以下的新創企業占了七十三%，六到十人的團隊爲十三%，至於營收模式則有四十八%的主要客戶是消費者，而且只有二十七%開始獲利。

10 「二〇一九全球新創生態系報告：台灣新創整體估值為二十四億美元！」，MeetHub網站，https://meet.bnext.com.tw/articles/view/45635

11 資誠聯合會計事務所，《二〇二〇台灣新創生態圈大調查報告》，https://www.pwc.tw/zh/publications/topic-report/2020-taiwan-startup-ecosystem-survey.html

事實上，國內大多數的新創公司，是以較低的資金啓動門檻運用網路雲端創造商機，甚少投入實質的廠房生產，甚至不乏將Uber、Airbnb、Foodpanda、Facebook、Google等國外知名平台經濟當作楷模典範，主攻網路平台媒介供需雙方，隔空支配控制實際工作者與需求者，對雙方無須負擔任何責任的營業獲利模式。以最近境外來台灣發展的幾家食物外送網路平台對旗下所屬的外送員，以承攬方式完全切割雇主法定責任，引發勞動部對其勞動保障權益的法律爭議，這種創新顯然是一種掠奪並非沿著平等式經濟的路徑發展，若政府鼓勵出這類型的「創新」，豈不是用租稅優惠，換來社會與經濟的不平等的擴大？

眞正符合在地共同利益的新創或創新產業到底爲何？長年關注台灣產業創新的吳啓禎博士給了我們答案，他在深入鑽研丹麥三個具有高度國際競爭能力的在地產業案例[12]後發現，丹麥這三個產業能夠成功是來自於以解決地方需求，以合作社、非營利組織等社會團體所發動「草根創新」，而非以企業利潤爲導向，以及政府以租稅優惠創造空間的「市場導向創新」。

「丹麥源源不絕的強大創新力，來自以平等爲基礎的團結合作之社會文化與國家體制。除了高度投入基礎研究之外，成熟的公民社會與透明效能的政府系統，能夠及時建構國家級研究中心以承接草根創新的概念原型，呼應在地社會需求與進步價值驅動的重要性，這是丹麥創新所鑲坎其中的制度底蘊。」[13]

由此可見，創新是源自於社會需求，就以IKEA家具、VOLVO汽車等瑞典自有品牌跨國產業爲例，這些企業都是以解決在地需求而生，IKEA家具以當

12 三項丹麥在地產業分別為養豬與沼電技術協同發展、非核政策與風機產業發展、食品安全動物飼料禁用抗生素。引自吳啓禎，〈理論觀照：系統創新與草根創新的動力與條件〉，http://transdis.ntu.edu.tw/iibrt/press/index.php/2019/02/15/innovation/，2019.2.15。

13 同上註。

地自我造林木材爲材料，再加上天寒地凍氣候下無法外出，長時間在家中所衍生的需求，因而醞釀出極簡風格的北歐美學；VOLVO汽車則是因地廣人稀的瑞典，人力需求極度缺乏之下引發出對生命極度重視的移動安全哲學。

以在地草根性爲源頭的經典創新，絕非追求減稅利潤導向所能夠發展出來，因此台灣的經濟政策若要啓動轉型正義工程，就必須揮別過去威權時代遺留「經濟奇蹟」發展路線，去除「發展主義」與「獨尊科技產業」的迷思，非以國家砸錢、補助大企業的旗艦型產業研發，必須從解決本地社會需求出發的團結經濟下，促成在地既有技術及組織的跨產業橫向串聯，激發驅動下一波創新經濟的出現。新創產業既然是新時代產物，就必須要有新時代的組織內涵，目前國內的新創產業仍在剛起步萌芽階段，有七成公司仍是在五人以下微型企業，政策思維應該趁此機會，注入經濟民主的靈魂，導入合作共享精神鼓勵員工持有公司股權，使新創企業內部運用平等的夥伴關係共同經營事業，進而共享經濟成果，協助加入新創產業的勞動者擺脫只能被支配與被分配的惡性循環。

推動經濟民主的工會新策略

團結勞動者的模式，除了平等式經濟民主，工會在阻止企業勞動條件向下沉淪，維護勞動尊嚴，促進更公平的企業利潤分享上，一直扮演了重要角色。不過，在二戰之後，世界各國邁向「大量生產、大量消費」的高度經濟成長時期，伴隨著經濟快速成長，各國工會也逐漸被吸納進入這個「經濟擴張主義」的發展觀。

以日本爲例，日本總工會「連合」與資方團體「經團連」，每年固定的談判，已經儀式化爲「春鬥」，日本特有的企業工會也早已經被馴化在企業利潤的架構當中，日本的工會運動批判資本主義發展的能力在減退。在六零年代安保運動高潮之後，日本的工會主義跟隨資方的發展主義腳步，走向爭取企業盈餘分配。但是在遙遠的北歐，瑞典的工會卻選擇擺脫爭取單一企業內個別勞工權益的視野，提升到整體產業發展與分配的層次，「團結工資政策」（solidaristic wage policy）就是一個值得參考的範例。一九三八年，瑞典總工會（LO）與雇主聯盟（SAF）在薩爾特舍巴登（Saltsjöbaden），共同簽署和平協議（Saltsjöbaden Agreement），結束過去的勞資衝突。這協議拒絕了政府的立法介入，成爲瑞典勞資自治的重要原則。該項協議有三大原則：一、建立每隔一至三年的全國性集中的勞資談判，決定工資及勞動條件；二、工會堅持「團結工資」，即不分產業將工資拉平；三、全面就業政策優於提高工資[14]。

團結工資主張超過預期獲利的產業，並不將利潤直接給勞工加薪，反而是要求利潤比較低，表現比較差、薪資比較低的產業，必須爲勞工提供更大的加薪幅度，拉平不同優劣產業之間的薪資差距，達到整體勞工薪資提升的共好，讓非技術與女性等弱勢邊際勞工受到更好的保障。如此一來，高獲利產業可以將剩餘的利潤，投入到設備、投資於研展，繼續強化該產業的競爭力與擴大就業機會。當低薪低獲利的產業，被要求提高加薪幅度，則會增加經營人事成本，淘汰產業中沒有競爭力的企業，而勞工則可透過勞動安全體系的技能培訓，流向保有競爭力的企業。如此一來，瑞典的產業不僅更有競爭力，各產業的勞工薪資卻並未擴大差距，促成更平等的雙贏策略。北歐其他國家也參考

---

14 劉格正譯，Bror Perjus著，〈瑞典模式——國際化趨勢下的犧牲品〉，https://www.frontier.org.tw/ffdc0017.html，1994。

「團結工資政策」，再搭配上失業保險、老年退休保險等「內部補償策略」與其他托兒、托老、醫療等完備的社會福利，也成功的縮減社會貧富差距[15]。

在勞資二元化的架構之下，西方工業化國家透過專業經理人制度，進一步促成原本掌控在資方手中的所有權與經營權的實質分離，有助於專業經營者與產職業工會的達到勞資共識。反觀，台灣家族企業至今仍壟斷所有權及經營權，產生出絕對威權式的管理風格。員工如果想成立工會要求協商，在擬似親屬經營集團眼中，就變成是大逆不道的情感背叛行為，所以企業工會的發展空間異常緊迫[16]。就算在艱辛中成立了工會，透過集體協商要求合理的利潤分享已是困難重重，若想要進一步主張產業民主精神，要求推派勞工董事參與決策，對於不容所有權與經營權被絲毫挑戰的家族企業而言，更是難上加難。

因此，台灣既有企業工會之下的勞工，必須看清楚資本主義的生產邏輯，以經濟民主的精神，在經濟的生產與消費上，自我形成或協助成立一個合作與團結的經濟模式，將是工會發展的新策略與方向。事實上，工會與合作社早在工業革命時期，原是同盟關係，雖然兩者關係不若昔日密切，但結合的力量仍舊強大。國際勞工組織ＩＬＯ在《Handbook on Cooperatives for use by Workers' Organizations》報告中主張，工會可在正規經濟中直接保護工人權利，但工人若處在不穩定就業、臨時與低薪的非正規經濟，工會則可協助勞工自我組織爲合作社，集體捍衛勞動尊嚴與權益。

國內的工會界除了維持傳統團結談判的既定路線，呼應社會對於經濟不平等的改革期待，或許也可借鏡歐美工會近年的新運動路線，與合作社界攜手同

15 呂建德，〈不是只發錢，福利政策撐出北歐經濟實力〉，2015，環境資訊中心，https://e-info.org.tw/node/104112。

16 參考，張烽益，《長榮空服員罷工激起的「不爽」背面：畸形的成功學、勞動法及父權企業文化》，2019.7.11，報導者。

盟，共同推動經濟民主的在地深根。例如在美國通訊工人工會七七七七號分會（CWA Local 7777）協助下，丹佛市的七百多名計程車司機於二〇一五年共同組成「綠色計程車工作者合作社」（Green taxi Coop），提供叫車平台服務。每位司機收取的計程費用雖然是當地最低，但實質收益卻遠高於Uber，司機只要繳納二千美金入社股金及每月七十五美金維持平台必要支出，就能擁有控制實權，成立後不久便擊敗Uber取得最大市占率。另一個案例是美國鋼鐵工人聯合會（USW），也積極協助工作者合作社內部推動「工會委員會」（union commitees），與合作社管理團隊針對工作條件、工資福利等權益事項進行集體協商，顯然美國工會正在嘗試發掘勞動者自我合作的潛能。

國內工會界對於企業內受僱的勞工，除了以提升勞動條件爲目的，持續推動企業利潤分配層次的協商談判之外，需要進一步思考如何翻轉資本獨大、凌駕員工的局勢，使勞工在企業內逐步與資本達到對等的地位。而經濟民主的戰略，除了透過持有股權名正言順取得決策席次外，也必須借助工會擅長的集體團結力量，凝聚勞工的共識逐步掌握經營權力。

大多數企業已經擁有經濟民主化的先天條件，只是缺乏集體所有權意識的認知與激勵，當然還有法律和資金障礙。所以經濟民主的發展，仍有賴於工會作爲火車頭，開創有利員工持股的法律環境。而兩者最有機會結合的戰場就是第三章所提列的員工持股方案，如何共同合作突破相關法令與制度，凝聚員工共識，將手中分散的配股從加薪激勵的工具，翻轉成勞資共有、共治、共享企業的最快路徑，同時推動員工持股信託的眞正民主化，使勞工逐步成爲與資本平起平等的企業主人，將是國內工會思索未來新一波運動的可行方向。

如何邁向員工接管的民主道路

要逐步落實經濟民主的理念，使員工從受僱角色轉型爲共同經營者，充斥著不少現實環境的障礙與政策法令的扞格。所幸，同樣的社會問題與場景已有各國政策方案及模型可供我們參考。況且許多青年勞工也渴望參與決策或是共同創業，只是手中缺乏掌握股權的管道與資金。然而，要推動經濟民主的社會轉型，不只需要相關知識的中介及傳遞，創造廣泛的社會認同，更需要支持性政策及制度降低資金與經營的多重阻礙。

- **推動經濟民主投資專案**

國內爲數眾多的小型及微型企業，極適合由熟悉所有營運流程的員工接手經營，而第一個實質阻礙就是資金。從歐美既有國家提供融資擔保，也有將失業救濟金資本化的方案，如實反應資金在員工接管過程的重要性。

面對二代接班難題，或是傳統家族企業向經濟民主轉型，政府或可思考從目前規模超過一千多億元的「中小企業信保基金」中提撥一定比例設置「經濟民主企業投資專案」，協調商業銀行建立長期低利的耐心融資，投資仍有市場前景，員工也有意願共同承擔經營責任的接管方案，並且透過資產估價服務，使股權以合理價格向員工移轉，再以企業的未來收益償還貸款，降低員工接管初期的資金壓力。

此外，激發企業主向員工釋股意願也是重要關鍵。現行五花八門的減稅措施，多數淪爲無效的涓滴，反觀勞工直接受益的經濟民主有著國家支持的正當性。若企業主願意在一定期限內釋出過半股權由員工集體接手，不妨參考美國爲員工所有權轉移所提供的獎勵優惠，鼓勵企業主以較優惠的價格支持員工接管，而不是向市場抛售。同時《產業創新條例》中也應該增列新創事業定義，納入員工持股過半企業成為國家支持的新創產業，在政府補助獎勵或輔導之下走向共治、共有與共享。

獲得國家支持的經濟民主企業，當然也要承諾內部民主與平等，負擔相應的社會責任。除了限制個人股權不得超過三分之一，年度盈餘在償還貸款後應提撥十％以上的儲備資金，維持適足資本降低倒閉或被收購的機率。在穩定發展之後，企業也應承諾配合相關就業安定政策，開放接納以失業救濟資金入股的新夥伴，成為共同打拼的事業夥伴，擴大經濟民主的外溢效果。

● 建立經濟民主推動機構

推動員工接管企業的前題，在於員工需要產生共同經營的互利意識，從國內經驗來看，過度吹捧個人成功，無疑是一道阻礙創造集體利益的高牆。為了加強經濟民主的滲透率，有必要建立專責推動機構，從社會教育及建立支持政策著手。這個角色極合適由主導國家總體發展的國發會來擔任。在現行組織構架底下，國發會內部應設立經濟民主發展單位，透過綜合規劃盤點統合政策、資源分配協調以及中長期影響評估，扮演產業轉型的火車頭，使經濟民主的思維能夠貫徹於中央政府的經濟與產業政策。

而第一線的輔導角色，自然需要地方政府的經濟、勞動等跨局處共同合作。地方政府應妥善運用就業安定相關資源，於各項勞工教育課程中推動經濟民主宣傳與推廣。所有的企業都需要面對市場的考驗，經濟民主企業也不例外，所以需要地方政府整合各項資源投入專案輔導，同時結合在地大專院校，支援企業營運必備的經營管理、財會法律以及短中長期市場策略等專業諮詢服務，透過市場競爭能力的強化，提高生存機率。

● 新就業安定思維

除了支持失業者透過職訓輔導重返市場，當前的就業安定政策也需要發展經濟民主的新思維。當中央充分提供各項支持資源，地方層級也爲員工接管建立完整的輔導系統，一旦發現面臨休業的微型或中小型企業，即可啓動專案輔導機制快速介入，爲集體員工提供接管鑑價及融資規劃的可能性方案，再由員工根據未來市場潛力共同評估是否接管，就有機會減少關廠失業的發生率，穩定在地就業機會。

對於失業者的支持政策中，亦可參考義大利及西班牙的失業救濟金資本化模式，盤點相關制度，同時優化勞動力發展署的地方人才資料庫，精準媒合擁有合適技能的失業勞工，入股穩定成長的經濟民主企業，或是輔導接受相同職訓教育的失業者共組合作社，成爲共同打拼事業的夥伴，使救助資源產生就業機會的再生產效益。同時配合合作社法規的修法，將現行要求七人成社的人數限制下修至五人[17]，符合國內微型企業的發展環境，成為勞工集體創業或接管後轉型的合適選項。

● **運用社會責任投資促進勞資對等**

國內數萬家大型企業及上市櫃公司，礙於昂貴的生產設備或高貴的股價，大量股權一向只在資金雄厚的各大股東中轉移，員工難有機會完全接管，因此推動策略應朝向提高員工決策權利，強化勞資共榮的社會責任著手。

近來政策雖積極推動企業社會責任，但實際上成效不彰。主因在於企業依

17 參見洪敬舒，《合作的艱難 勞動合作社的比較利益——以勞動者觀點出發》，輔仁大學社會企業在職專班碩士論文，2018。

舊以股東利益爲優先，並未對包括員工在內的所有利害關係人負起應有責任。因此在現行公司法中可增列員工優先購股權，當主要股東有意出脫股權應優先徵詢員工意願，賦予集體承接的優先性。至於已經實施員工持股信託的企業，爲避免被資方把持將信託私產化，應修訂相關法規由持股員工民主選舉委員會代表，行使應有的權利。

多元的資訊公開與透明，會對上市櫃公司產生有效壓力。因此，上市櫃公司年報中應增列刊載企業對員工釋股比例，使市場投資人與國家投資基金透過檢視勞資關係的對等性，將員工持股比例納入社會責任指數，轉化爲投資遴選依據。如此一來，便有機會結合證券市場力量，依據股權分布建立道德壓力投資落實「股東行動主義」，促使企業定期揭露員工持股比例變化，將有助於強化大型企業遵循尊嚴勞動與內部分配正義，履行社會責任的應盡承諾。

邁向經濟平等是國家的重責大任，假若產業政策還是一味護航資本利益任由分配惡化，只會加重社會福利與救助的長期成本，形成未來負擔。相對過去動輒千百億規模的浮濫減稅，或是被動等待失業發生後提供微薄給付，我們有理由相信，推動經濟民主策略所需要的整體成本，遠遠少於重覆經濟不平等的錯誤。所以確保政策為社會共益增值，是絕對必要的社會投資，唯有增強經濟民主知識的普及，使社會理解與接納經濟民主優勢，並在中央及地方政府的專業輔導之下，促成更多「對員工賣股票，對市場賣產品」的經濟民主企業成型與茁壯。使勞動能在民主平等的企業環境中獲得自由，我們才有機會往下一階段的社會民主前進。

只有經濟民主，才有社會民主

使「經濟重新鑲嵌於社會」是一項挑戰資本主義的浩大社會工程，但更重要的是邏輯一致的制度規劃與實踐。台灣在黨禁開放後，許多新興政黨紛紛成立，有不少政黨名稱掛上「社會民主」的名稱，也會有些政黨宣稱走「社會民主」路線，這使得「社會民主」成為一種中間偏左的政治路線代名詞，標榜進步卻不激進的溫和改革派，成為政治市場的討好策略。於是社會民主在台灣始終被窄化成「福利國家」的單一想像，因為我們把社會民主成為一種政治實踐的路線，而不是一種落實在生活上、經濟上的策略，以致社會民主只剩福利想像，卻無視於北歐的其他制度性作為，更直接忽視了生產領域的經濟民主。以這種片面解讀，導致福利國家或社會民主主義就是反經濟的天大誤解。以瑞典爲例，其以強大的製造與化工產業出口能力著稱，出口產值占GDP的四五%，如依照人口比例計算，是跨國公司密度極高的國家。從這就可以知道，社會民主主義絕對支持經濟發展，因爲創造利潤才能擴大福祉，只不過是要發展哪一種經濟，以及如何被分配的問題罷了。

眞正的社會民主發展觀是主張在確保私有財產的市場經濟之下，個人的創意能夠得到發揮，不過，前提是環境、勞動力與資本，這三個最重要的生產要素是珍貴有限的，必須非常小心的利用，才能夠促成永續的經濟發展。根據台灣勞工陣線在二〇一八年出版的《社會民主是什麼？—瑞典的實踐與挑戰》，曾任瑞典總理與社民黨主席的卡爾松（Ingvar Carlsson）與工運智庫研發部主任林格倫（Anne-Marie Lindgren）在書中就強調[18]：

---

18 Ingvar Carlsson & Anne-Marie Lindgren著，蔡培元譯，《社會民主是什麼？——瑞典的實踐與挑戰》，台灣勞工陣線出版，2018.1，p90。

「資本這個生產要素，並不高於其他的生產要素，生產條件不能只考慮到資本家的利益，勞動與自然資源這些生產要素至少與資本同等重要，這些利益必須透過一個整合的決策過程，共同形塑工業生活。……所有的經驗皆顯示當沒有其他力量能夠節制資本的利益時，資本家會藉由剝削或是降低對於其他生產要素的付出而獲取利潤，而這會導致環境的破壞或勞動力的過度消耗。」

可見生產要素的運用，必須透過民主的形式來決定。對資本的使用必須有所節制，銀行對於資金借貸必須監督放款對象是否嚴守社會責任，畢竟資金來自於社會大眾，即使是私人自有資金也是社會各份子的努力所累積，絕非資本家一人獨有。在勞動部分，藉由強大的工會來團結個別勞工與雇主協商談判，避免勞動力被資本過度濫用，或是突破傳統僱用形態集合勞動者形成自主企業，集體僱用資本，達到勞動自主與利潤共享。

眾所皆知，自由、平等與團結是社會民主的三大價值。其中「團結」是貫穿社會民主的總體精神，福利國家並不是社會民主黨唯一追求的目標，而是一個促進社會團結的手段。就如該書中強調，「福利國家的主要意義，並不在於物質福利的增長，而是在於社會觀點的突破，亦即公民能夠透過國家，共同保障彼此許多基本的社會需求」。一旦誤解社會民主就是無止盡地「從出生到墳墓」的照顧，就會無視於支撐福利的高稅收，是來自於人民發自內心、自發性地促進社會互助，並且相信政府能夠無私地建立起社會安全網。

私有財並不是資本主義所獨有，社會民主國家也同樣認同，只是透過經濟民主式的共同所有權作爲另一種普及性的就業選擇，維持市場與公共化的平衡。過去丹麥就是透過合作社做爲農業發展貿易的基石，甚至用合作社締造出養豬王國[19]。近期，丹麥政府更加積極推動民間企業往經濟民主轉型。二〇二

19 陳一姍，〈屏科大生跨海來學！丹麥農業百年祕技：合作社締造養豬王國〉，天下雜誌675期，2019.06.18

○年底丹麥政府在社會民主黨及紅綠聯盟的合作下，正式啓動一項財政改革法案，除了提供財政刺激方案，也有意增強對公共建設與福利系統的支出，例如兒童和老人照護、教育和醫療保健，並大量投資氣候變遷行動及捍衛生物多樣性。

然而另一個備受矚目的焦點，改革法案中也由國家帶頭促進民主所有權和工作場所民主。丹麥政府計劃建立一個「專家工作組」（expert working group），通盤性的彙整金融及公司法等法令與政策制度的障礙，針對國家促進民主所有權提供制度策略與具體行動建議，進而在社會民主的基礎之上，創造出北歐最友善的民主所有權環境，使社區和勞動者以更便捷及省力的方案，掌控自己的命運。

不簡單的改變是唯一的出路

從丹麥模式可以看見，唯有創造一個社會平等的環境，形成社會／勞資共識，方能維護個人的經濟與政治上的自由，從而達成社會團結，共同創造更多經濟成長的果實，然後公平的分配給勞資雙方。

我們有理由相信，一旦建立起經濟民主的共享生態，將可迫使資本主義撤出更多的市場，使勞動者得以公平分享經濟果實與控制組織決策，政治與社會民主才會有穩固結實的發展地基。

勞動合作並不簡單，但不簡單並不是不可行，而是缺乏可依循及參考的範式時，所有一切也必須重頭開始。但「不簡單」卻是所有產業及社會轉型的必然過程，就像現在享受政治民主有如呼吸一樣的自然，但爭取政治民主的過程即使危及生命，政治的改變卻必須要做。

如今，在經濟市場中，民主還不是天賦人權，所以需要更多制度與教育層面的努力才會被創造，這些都是必要的社會投資，因爲經濟的民主與平等是尊嚴勞動與體面生活的必要條件，經濟也必須爲更多人而非少數人服務。經濟民主其實並不激進，從傳統的「資本僱用勞動」模式，翻轉成實踐「勞動僱用資本」，只是需要多一點想像、勇氣與支持。只要有更多依據經濟民主規則的勞動合作企業實體出現，相互串連構成密切的知識交流與市場互動，自然會降低學習成本，打開更多的市場空間。從長遠來看，總體經濟的發展必須朝向協力合作創造利潤之後共享，經濟民主不僅爲社會保留與創造穩定的人力與經濟資本，也爲未來青年就業撐出更加多樣化的經濟組織格局，更能夠在社會挑戰與適應技術變革的壓迫中，爲各利益關係群體重建發聲管道與權利。

在面對未來的不確定性，我們必須爲經濟民主開啓多元的參與機會，透過民主平等吸引勞動者和消費者在內的各種利益相關者參與，包括勞動者自治企業，由工人、農民和消費者所有的合作社，甚至是內部民主化的社會企業。如同萊特的策略，只要讓隱身在各角落的經濟活動，隨著集體成員共同掌握著所有權、使用權與利潤分配權，在市場及社會形成具有經濟影響實力的參與者，運作起眞正的共享式創新經濟。

我們沒有理由只能一再複製所有權集中化的企業結構，拒絕實現共同所有的經濟民主體制。何時社會願意往經濟民主的所有權議程邁出一步，我們才有機會往減貧與消除經濟不平等的美好境界，靠近一點。只要跨出既有的框架一步，就能翻轉現有的窠臼，我們才有機會同時擁有政治民主、經濟民主與社會民主。

勞動僱用資本：以經濟民主翻轉資本主義之路／
洪敬舒、張烽益　著
1版.一台北市：台灣勞工陣線協會，2021.01

ISBN 9789868870741　(平裝)

勞動僱用資本：以經濟民主翻轉資本主義之路

When Labor Hires Capital: Overturning Capitalism with "Economic Democracy"

發 行 人：蔡培元
總 策 畫：孫友聯
作　　者：洪敬舒、張烽益
編輯顧問：柯妧青／白正憲／吳玉祥／吳昭呈／吳國財／孫一信／林宗弘／林佳和／林慶男／張謝庭／管紹君／黃曉玲／廖蕙芳／鄭雅文／林進勇／許守活／黃昱凱／江明芸／歐名凱

出 版 者：台灣勞工陣線協會
地　　址：台北市10050中正區林森南路4-2號4樓
電　　話：(02)23217648　傳真：(02)23914232
Email：labornet51@gmail.com　網址：http://labor.ngo.tw/
郵政劃撥：50118157　戶名：台灣勞工陣線協會
銀行帳號：09310116958　戶名：台灣勞工陣線協會
銀　　行：第一銀行總行營業部

封面設計：柳茹薰
內文排版：立全電腦印前排版有限公司

定　　價：300元　2021年1月初版
ISBN：978-986-88707-4-1